DESESTRUTURAS EMOCIONAIS

COMO SE LIBERTAR DA NEUROSE

EDITORA
NOVA CONSCIÊNCIA

Edição e distribuição

EDITORA NOVA CONSCIÊNCIA/EDITORA EME
Caixa Postal 1820 – CEP 13360-000 – Capivari-SP
Telefones: (19) 3491-7000 | 3491-5449
Vivo (19) 9 9983-2575 ☺ | Claro (19) 9 9317-2800 | Tim (19) 9 8335-4094
vendas@editoraeme.com.br – www.editoraeme.com.br

Leonidas Silva Tonico
Maria Diamantina Castanheira dos Santos

DESESTRUTURAS EMOCIONAIS

COMO SE LIBERTAR DA NEUROSE

Capivari-SP
– 2018 –

© Leonidas Silva Tonico e Maria Diamantina Castanheira dos Santos

Todos os direitos reservados.

1ª edição – outubro de 2018 – 2.000 exemplares

CAPA | André Stenico
DIAGRAMAÇÃO E REVISÃO | Matheus Rodrigues de Camargo

Dados Internacionais de Catalogação na Publicação (CIP)
(Câmara Brasileira do Livro, SP, Brasil)

Tonico, Leonidas Silva / Santos, Maria Diamantina Castanheira dos

Desestruturas emocionais – como se libertar da neurose /
Leonidas Silva Tonico e Maria Diamantina Castanheira dos Santos –
1ª ed., out. 2018 – Capivari-SP : Editora Nova Consciência.

ISBN 978-85-53156-20-7

1. Desestruturas ou doenças mentais e emocionais. 2. Recuperação. 3. Espiritualidade. I. Título.

CDD 362.2

SUMÁRIO

1 – Considerações iniciais..7
   A doença e o doente

2 – A idade da doença emocional 13
   As primeiras abordagens / A segunda tentativa / A terceira tentativa

3 – Os diagnósticos 21

4 – Os remédios controlados 25

5 – A Era Moderna e a desestrutura emocional.................29

6 – Entendendo a neurose 33
   Os instintos de sobrevivência / Os instintos se transformam / Os sentidos / As interpretações do ser humano / A reinterpretação do fato presente / Primeira interpretação / Segunda interpretação / Terceira interpretação / A última interpretação / Danos às capacidades de ver, ouvir e sentir / Sansão, o compulsivo / Codependência / Voltando a considerar Sansão – a compulsão

7 – As desestruturas emocionais e o cérebro......................67

8 – A doença se defende (ou o doente defende a doença)...73
   Mentiras / Lembrança eufórica / Projeção

9 – Os hábitos 83

10 – As compulsões 89
O fundo do poço

11 – As consequências físicas 93

12 – A vontade 97

13 – Os pensamentos 101

14 – Quando a neurose tem início 107

15 – O roteiro da doença emocional............................111

16 – A capacidade de ser 115

17 – O medo..121
As máscaras do medo / Desmascarando o medo (a indecisão) / Discutindo outras máscaras do medo (a timidez, o ciúme, o pessimismo, a carência, a superstição, as fobias, o pânico)

18 – A raiva...135
Algumas máscaras da raiva (o desprezo, o falso perdão, o não perdão, a sede de justiça, o bruxismo, a ironia, a soberba) / Exemplos da raiva

19 – Como superar as desestruturas emocionais 143

20 – Espiritualidade – a emoção pura............................149
Exercícios espirituais

1. CONSIDERAÇÕES INICIAIS

A DOENÇA E O DOENTE

A DESESTRUTURA DOS SENTIMENTOS ou das emoções do ser humano, comumente conhecida como **neurose**, classificada como "transtornos mentais", hoje é identificada por códigos ou diagnósticos. Apesar do enorme dano à vida de quem a desenvolve, é uma condição humana simples de ser entendida.

A dificuldade de entendimento está proporcionalmente ligada à dificuldade de superação de quem sente a desestrutura. Ele aprendeu que entendê-la não faz parte de suas responsabilidades. O indivíduo que está desestruturado vive como se fosse absolutamente normal não ter participação naquilo que sente, atribuindo a fatores externos tanto a existência de seus sentimentos quanto a sua desestrutura.

A desestrutura emocional causa dor. Uma dor diferente da dor física, mas seu portador pode buscar uma solução semelhante à usada para superar a dor física (por exemplo, uma gastrite ou uma dor de dente): identificar qual é a origem dessa dor (no caso, emocional), de onde ela vem, ou como chegou a tal ponto.

Na dor física, o doente identifica ou é ensinado a identificar a origem dela e se considera parte do processo de re-

8 | DESESTRUTURAS EMOCIONAIS

cuperação. A identificação da origem o alivia e, em que pese a necessidade de fatores externos para eliminar o mal (uma cirurgia realizada por um médico, por exemplo), o doente é parte do processo de cura.

Já a grande maioria dos portadores de desestruturas emocionais considera-se vítima e com isso se torna mais vulnerável. Duplamente vulnerável, porque depois do diagnóstico eles podem explicar, com certo alívio, apesar do nome feio: "eu sou maníaco-depressivo", por exemplo. Ou seja: "eu sou assim, é algo que me sobreveio, não há o que eu possa fazer para mudar".

Os diagnósticos, em sua maioria, vitimizam ainda mais o portador de desestruturas emocionais, pois excluem a participação ou responsabilidade dele tanto na origem como na superação do mal.

Esses diagnósticos atribuem a origem do mal a fatores externos, alheios à consciência do paciente, o que na maioria das vezes complica ainda mais o problema ou cronifica o estado mental desestruturado. Com isso, poucas superações ocorrem e, na maioria das vezes, mais por acidentes de percurso que por eficácia dos métodos empregados.

O doente não tem a verdadeira noção dos malefícios que a desestrutura emocional causa, e o que é pior: que essa desestrutura é progressiva, e que sua progressividade é a intensificação dos malefícios que ela causa.

Não existe um tipo de indivíduo que possa ser catalogado

como candidato ao desenvolvimento da desestrutura emocional. Rico ou pobre, feio ou bonito, de família ou sem família, alto ou baixo, gordo ou magro, solteiro ou casado etc. É enganoso considerar que algum desses aspectos pode tornar o ser humano mais vulnerável ou mais imune à desestrutura emocional, qualquer que seja a forma como ela se manifeste. Ninguém está imune, mesmo porque a influência das condições acima anotadas depende dos julgamentos pessoais do indivíduo sobre seu envolvimento com seus pares e sobre o ambiente em que convive. Portanto, essa influência é relativa e tem gradações distintas, mesmo entre pessoas submetidas às mesmas condições de vida ou de relacionamentos.

É errado considerar a inteligência da pessoa como um fator que a torne imune à desestrutura emocional, ou que facilite sua superação. A inteligência, em muitos casos, dificulta o entendimento do doente, pois, em princípio, ele **acredita "saber tudo"**, e não é raro encontrar, entre os inteligentes, pessoas de difícil recuperação.

A inteligência é um aspecto intimamente ligado ao que o doente **sabe**; a neurose, no entanto, vincula-se a outro aspecto: está intimamente ligada ao que o doente **sente**.

Quando o que você sente é muito forte,
de nada valerá o que você sabe.

E o que o doente pensa que sabe pode até ser prejudicial para sua recuperação, pois alguns que se consideram muito inteligentes põem em primeiro lugar aquilo que acreditam saber, colocando-se, em consequência, acima do que lhes é orientado. É aquele doente que sempre dirá "Eu sei" após qualquer explicação sobre sua condição, sem, no entanto, fazer qualquer esforço prático para mudar. Essa *postura intelectual* o impedirá de ouvir e, principalmente, de introjetar o que lhe é explicado.

Essa pessoa já tem uma expectativa formada sobre os mais diversos aspectos de uma vida que *deveria ser a sua*, mas que *nada tem a ver com a sua* – uma vida com que sonha, mas que não combina com sua realidade.

Seu parâmetro de avaliação da vida é falho, distorcido, incompleto. Baseia-se somente nas conquistas, nos sucessos, amores e vitórias que sonha ou que vê no(s) outro(s). Nunca focaliza as dificuldades que este teve de superar para conseguir o que tem. Essa pessoa vai criando modelos de vida que espera que aconteçam com ela, e sua expectativa é encaixar sua vida dentro dos modelos que mentalmente criou. Ela está preparada apenas para o sucesso, e quando ele não acontece, aprofunda-se a desestrutura mental e emocional que criou, sem consciência de sua participação.

Essas expectativas não se referem apenas a situações ou contextos de vida, mas também às pessoas, principalmente as diretamente ligadas a ela, como pai, mãe, filhos, parentes e amigos – espera que esses indivíduos se encaixem no parâmetro que deseja. Todos e tudo, sem exceção, têm que se encaixar no modelo que sua mente instituiu – modelo que não considera a natureza exata da realidade. Ela própria faz parte de suas interpretações preconcebidas – e distorcidas.

Quanto mais o ser doente sonha, mais a realidade o assusta. Ele não está preparado para esse conflito.

Falta-lhe **poder** e **capacidade** para superar a situação conflitante, por não aceitar ou não entender o conflito entre a realidade e suas convicções. Ele luta desesperadamente para mudar o conflito. Não vai conseguir e, por não aceitar a realidade, ele a **distorce**.

Pode ser que a distorção que cria seja perceptível para ele no início (ou seja: até certo momento de sua trajetória, ele percebe a diferença entre sua fantasia e a realidade). Porém, de tanto exercê-la, sem outra alternativa, com o passar do tempo **a distorção vai se tornando sua realidade**.

O doente passa a viver segundo a realidade que cria, entrando cada vez mais em conflito com fatos e pessoas ao seu redor.

Mesmo que os indivíduos tenham situações de vida diferentes, nos seus diversos aspectos (como lugar de nascimento, condição familiar, social, época, educação, contexto cultural, entre tantos outros fatores), a desestrutura emocional pode apresentar os mesmos sintomas (ou, na linguagem médica, os mesmos diagnósticos).

Um exemplo de desestrutura emocional que mostra bem o seu poder sobre a realidade de vida de qualquer ser humano está disponível na Bíblia Sagrada, no Livro de Jonas, capítulo 1, versículos 1, 2 e 3: "Veio a palavra do Senhor a Jonas, filho de Amitai, dizendo: Dispõe-te, vai à grande cidade de Nínive e clama contra ela, porque sua malícia subiu até mim". Jonas só teria que transmitir a palavra de

Deus aos habitantes de Nínive. Contudo, ele desobedece e, tomado por um impulso incontido, se dispõe a fugir em direção contrária, para a cidade de Társis.

Mesmo partindo de Deus, a orientação recebida conflitava com o que Jonas esperava que Deus fizesse. Houve um choque de realidades.

Cabe analisar o tamanho da desestrutura emocional que impulsionou Jonas a desconsiderar uma orientação do próprio Deus. A história bíblica narra, não só no Livro de Jonas, mas em 2 Reis, que Jonas era filho de Amitai, o profeta, numa época em que "a aflição de seu povo era mui amarga, porque não restava nem escravo nem livre, nem quem socorresse Israel". Quando Jonas recebeu a missão do Senhor, sabia que, se eles se arrependessem, seriam perdoados. Jonas não aceitava isso e então fugiu.

Considere o leitor o tamanho da desestrutura emocional que levou Jonas a desobedecer a uma ordem do Senhor. Esse é o ponto de contato com nossas desestruturas emocionais: a desestrutura leva o doente a desconsiderar aquilo que é mais respeitável e imperativo, para agir impulsionado por uma força que o impede de pensar certo.

Sabemos, através da Bíblia, que mesmo sendo levado a superar esse primeiro equívoco, e tendo posteriormente obedecido, as pregações de Jonas em Nínive soaram como uma praga, tamanha sua agressividade (seu descontrole). Ainda assim, os ninivitas se arrependeram, e foram perdoados.

Não se sabe o fim da vida de Jonas. Sabe-se que o perdão foi concedido aos ninivitas, e Jonas foi repreendido por Deus por sua conduta, motivada por sua desestrutura emocional.

2. A IDADE DA DOENÇA EMOCIONAL

O EXEMPLO DE JONAS citado nas considerações iniciais teve como propósito chamar a atenção para o fato de **a desestrutura emocional**, em qualquer de suas manifestações, **ser tão antiga quanto a criação do mundo**. Exemplos de sua ocorrência datam de muito antes da história bíblica de Jonas, senão vejamos o que consta do primeiro livro de Moisés, chamado Gênesis (2:7): "Então, formou o Senhor Deus o homem do pó da terra e lhe soprou nas narinas o fôlego de vida, e o homem passou a ser alma vivente".

Desde aquela época havia norma de conduta a ser respeitada, constante do versículo 17 do mesmo livro: "Mas da árvore do conhecimento do bem e do mal não comerás: porque no dia em que dela comeres, certamente morrerás". Adão desobedeceu a Deus, certamente movido pela necessidade de poder.

Deixou-se "envenenar" e, movido pela compulsão, agiu de maneira insensata, desmedida (insana), o que retrata a incapacidade (característica da doença) de decidir e agir obedecendo a uma lógica instituída, conforme abordamos no capítulo anterior.

Como é comum o doente voltar à realidade tão logo seu comportamento "esvazie" a desestrutura (ou seja, tão logo a compulsão alcance uma satisfação temporária), assim também aconteceu com Adão, e ele literalmente se escondeu de Deus, faltando ao encontro costumeiro entre os dois.

Adão inicialmente teve medo quando Deus o chamou, e se escondeu, confessando posteriormente que assim o fizera por sentir-se nu. Não me parece que se deva considerar a nudez de Adão de forma literal, mas sim que ele **fora descoberto**! E teve a mesma sensação que se tem atualmente quando a verdade vem à tona: a sensação de nudez, de desproteção, de vulnerabilidade. Imediatamente, Adão se refez do medo e se defendeu com raiva, acusando Deus: "Foi a mulher que o Senhor me deu"!

A finalidade principal de retomarmos essas narrativas, sobretudo a de Adão, é chamar atenção para a antiguidade do comportamento adoecido.

A desestrutura emocional é tão antiga quanto o mundo.

Ela tem a idade do homem – acompanha sua história desde os primórdios. O que chama a atenção é nunca ter havido práticas que abordassem as desestruturas (não nos referimos aos inícios das comunidades humanas, é claro), mas ao longo do desenvolvimento da civilização, e que as primeiras abordagens (ainda que fossem tentativas, e ainda que não científicas) demorassem milhares de anos para surgir.

Antes de tudo, o mau comportamento das pessoas é o que ficava evidente, e esse comportamento danoso passou a ser identificado e penalizado nos códigos de condutas sociais e/ou práticas jurídicas instituídas em cada época, o que minimizava ou resolvia momentaneamente o problema, sem que a desestrutura emocional fosse considerada – punia-se o efeito da desestrutura, sem tratar a desestrutura em si.

Muito tempo depois, outra menção bíblica (portanto, também antiga) relata a existência de dois irmãos, um lavrador, o outro, pastor. Ambos foram ensinados a prestar contas a um Senhor. Aprenderam que o Senhor deles era poderoso, e então, para obterem seu reconhecimento, faziam oferendas. O lavrador ofertava os produtos de sua lavoura, e naturalmente o pastor queria a atenção do Senhor pelas ofertas de seu rebanho.

Um dia, um matou o outro porque suas ofertas tinham sido rejeitadas, enquanto as do seu irmão foram aceitas. Aquele que matou foi condenado e recebeu a pena correspondente ao seu crime, segundo a conjuntura da época. Esse fato, narrado pela Bíblia como ocorrido entre Caim e seu irmão Abel, poderia ter ocorrido em qualquer época, até nos dias atuais, com quaisquer pessoas – mas de nada serviu como exemplo para estudo da natureza humana. Fazemos esse registro para que o leitor considere a lacuna existente no tratamento das desestruturas, desde aquela época até quase os tempos atuais.

Não são raras, nos relatos históricos, as acusações de bruxaria, as inquisições contra comportamentos destoantes, as pessoas queimadas vivas, e outras reações (de exclusão ou de extermínio) a comportamentos que poderiam, ao contrário, ter servido de exemplo para o estudo da natureza humana

AS PRIMEIRAS ABORDAGENS

(e para compreensão das desestruturas emocionais – se tivessem sido olhados de outra forma, de outra perspectiva).

AS PRIMEIRAS ABORDAGENS

Os primeiros registros da era moderna sobre as desestruturas emocionais surgiram no final dos anos 1700 (século XVIII), quando um cientista francês conhecido como doutor Pinel (1745-1826) mapeou o cérebro humano, conceituando que nossos instintos de sobrevivência, como a **fome**, a **sede**, o **sono** e o **sexo**, derivam do Sistema Nervoso Central (SNC). Seriam esses instintos que impulsionariam o ser humano a agir.

A descoberta de Philippe Pinel motivou outras pessoas interessadas nos problemas do comportamento humano disfuncional a "inventarem" práticas na tentativa de resolvê-los.

Uma dessas práticas ficou conhecida na época como **lobotomia**, que consistia em retirar um pedaço do cérebro na tentativa de resolver a desestrutura emocional. Até para um leigo, conhecendo atualmente a delicadeza que um órgão tão complexo como o cérebro requer em sua manipulação, essa prática é considerada um ato de desespero (na busca de uma solução). Evidentemente esse procedimento, tão simplista quanto desumano, não funcionou, e foi abandonado.

Contudo, o nome do doutor Pinel foi lembrado até uma época recente não só para, vulgarmente, designar pessoas portadoras de desestruturas mentais ("fulano está pinel"), bem como para batizar instituições usadas como depósito de pessoas com problemas mentais.

A SEGUNDA TENTATIVA

Ainda que a lobotomia não tivesse solucionado as desestruturas emocionais naquela época, ficou estabelecido que alguns problemas comportamentais derivavam do cérebro. A questão, a partir daquele momento, era o que fazer a respeito.

É difícil precisar quem sugeriu a ideia de atingir o cérebro humano por meio de **choques elétricos**. Embora a prática já fosse antiga e utilizada em prisioneiros para obter confissões, num mundo civilizado o nome era tão feio quanto sua origem, pois a simples recordação da prática remete a uma época que deve ser lembrada para não ser repetida.

Pela complexidade do cérebro, fica difícil estabelecer as consequências de tal prática: mesmo atualmente, com todo o conhecimento sobre um órgão tão sensível, não é possível assegurar com certeza as consequências danosas que tal prática pode acarretar – não se sabe com exatidão quais ligações eletroquímicas o choque afeta, nem como isso ocorreria.

A prática era duvidosa.

O nome era feio.

A origem mais feia ainda.

A solução "brilhante" não foi tornar a prática proibida, mas simplesmente mudar seu nome para **convulsoterapia**...

A TERCEIRA TENTATIVA

Em que pese a falta de resultados dessas práticas, uma certeza sobressaía: o cérebro é responsável pelos estímulos que movimentavam o ser humano. Nele são produzidas as químicas que funcionam como combustível humano: a dopamina, a endorfina, a serotonina, a adrenalina e outras.

A terceira tentativa foi usar substâncias que afetassem a química do cérebro e assim livrassem os doentes de suas desestruturas.

Mas voltemos um pouco no tempo.

Como tudo tem início, posso muito bem imaginar que, um dia, certa autoridade, atrás de sua mesa de trabalho, tenha lido uma notícia sem outra consequência senão a de registrar um fato curioso: índios de alguma tribo da América do Sul superavam as intempéries do clima, da fome, do sono e da sede simplesmente mastigando a folha de uma planta. Aquela notícia chamou a atenção dessa pessoa, que imediatamente ligou o fato noticiado aos instintos de sobrevivência humanos.

A ciência ainda não tinha desenvolvido tecnologia para fabricar substâncias químicas com poder **psicoativo**, ou seja, com a capacidade de "mexer" com o cérebro.

Aquelas plantas poderiam ser a solução e, momentaneamente, foram. Ao que tudo indica, não foi levado em conta o perigo que mexer com o cérebro poderia representar.

Tais substâncias já tinham seu comércio instituído e eram traficadas de maneira ilegal, por cartéis com regras próprias, independentes dos governos constituídos. Tais substâncias geravam um lucro absurdo para quem as manipulava. Investidores e industriais procuraram instituir um comércio oficial, legal, para substituir o outro, que existia de maneira clandestina. Nasceu então uma indústria que se revelaria tão lucrativa quanto poderosa.

Foram abertas oficialmente as "drogarias", cujo nome se referia aos produtos que comercializavam: maconha, cocaína, ópio, etc. Assim começava o "*market* da loucura".

A ganância financeira levou o comércio de tais drogas a diversificar a finalidade para a qual tinham sido oficializadas: o ópio passou a ser comercializado em infusões alcoólicas; a morfina, vendida como xarope calmante para crianças iniciando a dentição; o Mariani Wine, comercializado na época e conhecido como O Vinho do Papa, à base de cocaína; também se difundiu um refrigerante à base de cocaína, que se tornou uma marca famosa até hoje (sobreviveu porque, antes da proibição, substituiu a cocaína por cafeína).

No início do século XX, tudo mudou.

Não foi uma mudança repentina. Indústrias já vinham trabalhando na fabricação de substâncias psicoativas que substituíssem as naturais, e conseguiram. Então se tratava de tornar as naturais proibidas. Foram instituídos os seguintes parâmetros para identificação dos produtos fabricados:

– **substâncias de uso permitido**, aquelas que não contivessem poder psicoativo e pudessem ser receitadas ou vendidas livremente, sem controle rígido;

– **substâncias de uso controlado**, principalmente as

que tivessem poder de afetar o Sistema Nervoso Central; e

– **substâncias proibidas**, aquelas cujos efeitos passavam a ser considerados danosos ao ser humano.

O leitor atento pode considerar a inversão havida. Antes, a ciência não possuía tecnologia para fabricar substâncias cujo princípio ativo afetasse o Sistema Nervoso Central, e foi buscar no tráfico essa capacidade. Atualmente, o tráfico está usando a capacidade da ciência para a fabricação de drogas sintéticas, havendo, portanto, uma inversão de potenciais e finalidades. Não é futuro: atualmente já existem drogas sintéticas à disposição do tráfico.

Há, porém, um aspecto que o tráfico jamais poderá exercer: **os diagnósticos**. Eles são condição outorgada a uma classe legalmente constituída, que tem poder suficiente para defender seu setor e seu mercado, e para impedir a interferência de outros poderes em sua atuação.

3. OS DIAGNÓSTICOS

NA IMPOTÊNCIA de um ser humano (ou falta de capacidade) para lidar com uma dor cuja causa desconhece, os diagnósticos surgiram como uma solução, preenchendo um vazio doloroso. Representavam um alívio em muitos casos, mesmo que não tivessem uma explicação lógica. Surgiram em meio a sofrimentos para os quais não havia tratamento, como uma conduta a seguir, ainda que não se soubesse como a doença se instalava e para onde o remédio iria levar. Melhor que se sentir perdido, sem rumo, sem nada.

O diagnóstico foi importante como comprovação de que o paciente não portava um defeito de caráter; porém, como efeito colateral negativo, o fez acreditar que não era responsável pelo que sentia, e que existia alguém autorizado a interpretar o que ele sentia.

A solução vinha de fora, comprovando que o paciente tinha razão: não era fingimento nem invenção. O que sentia fazia dele uma pessoa doente, e esse diagnóstico passou a se constituir um verdadeiro alívio para ele.

Foram criados modelos de diagnósticos reconhecidos internacionalmente. A listagem desses diagnósticos já se encontra na quinta edição, e esta última atualização ainda é considerada incompleta e sujeita a novas mudanças. De

22 | DESESTRUTURAS EMOCIONAIS

qualquer maneira, foi o próprio doente quem deu poder a outros de dizer o que ele realmente sente. O que é bem característico da doença emocional: **a perda de poder**.

O poder de saber quem ele é.

O poder de sentir que tem o necessário para viver; o poder que lhe dá a capacidade de ultrapassar as dificuldades, as quais, muitas das vezes, são inerentes a sua própria vida.

Todos os seres humanos têm, guardadas as devidas proporções, dificuldades semelhantes. Essas dificuldades **diferenciam o vencedor do perdedor**. Talvez a diferença fundamental entre os dois é que o vencedor sabe o que vai fazer quando perde. Na falta desse poder, o doente emocional se esvazia, tudo o que sente é uma sensação de insuficiência que o tornará débil, com uma vida sem a chama tão necessária.

Vivendo sob essa incapacidade, o próprio doente estará impedindo seu crescimento e alimentando a dúvida sobre sua condição humana, acabando por comprometer o respeito próprio, que deveria ter por ele mesmo, e passando a ser conhecido pelos outros como uma pessoa com baixa autoestima.

Ele não gosta de si, por não ser o que gostaria de ser.

É como se o doente fosse perdendo a capacidade de saber que tem **vida**, e então não se responsabiliza por ela.

Analisemos o fato de pessoas tentarem o suicídio.

Em princípio, as pessoas que cercam o suicida pensam

que ele quer morrer. O que não é verdade – o suicida não quer morrer. Ele quer outra vida, diferente da que tem. A tentativa de morte representa sua incapacidade de mudar a vida que tem. Tanto que, se lhe for feita a oferta de uma vida diferente da que construiu ou destruiu, ele aceita imediatamente, não querendo mais morrer.

Em resumo, os diagnósticos como são realizados atualmente representam os sintomas que o doente manifesta externamente através do que sente. Constituem o segundo elo da doença. **A causa primeira** (e verdadeira) está "camuflada", bem escondida no seu íntimo: **o que ele pensa.**

4. OS REMÉDIOS CONTROLADOS

O DESENVOLVIMENTO DA TECNOLOGIA para a fabricação de substâncias que artificialmente influíssem no funcionamento do cérebro humano teve seu início no final da década de 1990, determinando uma nova era para esse tipo de medicamento. Em consequência, marcou o início da proibição dos produtos naturais concorrentes: o plantio, o cultivo e a manipulação fora do universo farmacêutico foram banidos. A ideia era controlar e monopolizar a venda desse tipo de medicamento, sendo instituído, como vimos, o modelo de comercialização abaixo:

1) medicamentos de venda permitida;

2) medicamentos de venda controlada; e

3) medicamentos de venda proibida.

O critério para o uso passou a ser de quem expedisse as receitas.

O que se percebe, sem muito esforço mental, é que esse controle vem ocasionando a **transformação do doente emocional em dependente químico** de remédios. A diferença entre o dependente de drogas e o dependente de remédios é que este último fica excluído da marginalidade do tráfico.

Não é exagero. Basta ler a bula de um desses medicamentos, que inadvertidamente deixa escapar como esses remédios funcionam. Digo que **deixa escapar** porque tal explicação representa uma verdade perigosa de ser conhecida por quem cuida de sua saúde mental.

Reproduzo o item 2 da bula do medicamento a que me refiro:

"Como este medicamento funciona? A venlafaxina, substância presente no [*nome do remédio*] e a ODV, seu metabólito ativo, são inibidores da receptação neuronal de serotonina, norepinefrina e dopamina, ou seja, ele aumenta a quantidade de determinadas substâncias (serotonina, norepinefrina e dopamina) no sistema nervoso, levando à melhora dos quadros de depressão."

A análise da bula de tal medicamento evidencia que a **produção natural** das químicas do cérebro do doente não está funcionando e que o remédio vai interferir nesse funcionamento, obrigando o cérebro a "trabalhar" artificialmente.

Ora, mesmo sem muita imaginação, fica o questionamento: e se o cérebro do doente emocional se "viciar" com a produção artificial de químicas que o remédio propicia e deixar (até por acomodação, pelo hábito) de produzir **de maneira natural** as químicas necessárias para que seu dono se relacione bem com o mundo, em todos os aspectos de sua vida?

O doente emocional vai se transformar num dependente químico, ficando emocionalmente escravo do remédio. É questionável interferir na ordem natural das coisas sem esperar consequências.

Continuando a leitura da bula do mesmo medicamento, está escrito: "Pacientes, familiares e cuidadores devem ficar alertas e informar ao médico sobre o aparecimento de ansiedade, ataques de pânico, insônia, irritabilidade, agressividade, impulsividade, outras alterações incomuns de comportamento, piora da depressão e ideação suicida, principalmente no início do tratamento ou durante qualquer alteração da dose".

E o leigo atento se perguntará, confuso: "O referido medicamento não era para melhorar esses sintomas?".

Existem dois fatos significativos que deveriam servir de alerta aos próprios médicos.

O primeiro foi a iniciativa de um parlamentar para que a compra de qualquer medicamento, incluindo os atualmente controlados, pudesse ser feita sem a necessária receita médica. O argumento do político foi o de que o doente economizaria o dinheiro da consulta.

O segundo, mais recentemente, foi a iniciativa de outro parlamentar de liberar a venda de remédio para moderação de apetite. Ocorre que a Anvisa (Agência Nacional de Vigilância Sanitária), órgão responsável, já tinha proibido a venda de tal medicamento por julgá-lo sem comprovação de utilidade para o que se destinava e, além disso, capaz de produzir efeitos colaterais danosos à saúde de quem o utiliza.

Em ambos os casos, o que se depreende são tentativas de desconsiderar a capacidade da medicina e do médico de avaliar, sem interferências externas, sua atuação, estabelecida após muitos anos de estudo e capacitação.

O médico é mediador indispensável, até por tradição, entre o ser humano e o mal que este sofre, e entre o doente e a cura.

Mesmo porque o doente fragilizado espera isso dele e não lê a bula, confiando que a autoridade já leu por ele.

Porém, realmente existe um **fator financeiro influenciando diagnósticos**, sem que nenhum médico se insurja contra isso.

5. A ERA MODERNA E A DESESTRUTURA EMOCIONAL

O SER HUMANO tem que percorrer um caminho longo para o seu amadurecimento emocional. Sua análise correta das mais variadas exposições que sofre ao longo dessa caminhada, e, em consequência, como se relaciona com cada uma delas, é que vai caracterizá-lo como um adulto responsável ou não por sua saúde emocional. Hoje, porém, cada vez mais ele não sabe disso, ou melhor, não é educado para saber.

Pais e educadores também deveriam se responsabilizar pessoalmente pela formação do estado emocional de jovens, desde sua infância. Basta criar normas coerentes e justificadas e cobrar o cumprimento das regras instituídas. Está previsto no Código Civil que os pais devem cobrar dos filhos obediência e respeito. A pergunta muito elementar é: **será que eles têm condições para tanto?** Sabemos que em muitos casos a resposta é **não**, e muitas das vezes o fator real que leva o ser humano a desenvolver a desestrutura é desconsiderado – **o fato de não ter aprendido a pensar, a interpretar o que sente e a se autodominar**.

Não são raros exemplos atuais de crianças com desestruturas emocionais sendo diagnosticadas e tratadas com medicamentos.

30 | DESESTRUTURAS EMOCIONAIS

Um parêntese: embora sem a essência da autorresponsabilização, já existem exemplos de iniciativas e de estabelecimentos que funcionam como "escolas emocionais".

E quanto aos adultos que atualmente apresentam desestruturas emocionais, de que maneira são considerados? Tudo indica que não são escutados e atendidos da maneira como deveriam ser.

Diagnósticos e medicamentos ainda parecem ser a solução.

E não adianta querer se excluir das avaliações existentes na sociedade. Existem regras, sejam **sociais**, **jurídicas** ou **médicas**, que independem da vontade individual. Nós só temos que nos encaixar nelas – buscar nos adequar, para ser parte do todo. E não adianta resistir. Estamos expostos, e a sociedade e suas normas vão dizer o que somos, não o que gostaríamos de ser.

O ser humano desestruturado emocionalmente não tem condições de respeitar essas regras; ele segue uma trilha de declínio gradativo na avaliação de cada parâmetro socio-comportamental instituído.

À luz dos padrões sociais, sua conduta o leva a ser inadequado, sendo rotulado inicialmente como preguiçoso, acomodado, desrespeitoso, e assim vai se perdendo em posturas socialmente inadequadas até cair no fundo do poço da desestrutura social, que é a falta de vergonha. A condição de sem-vergonha leva a uma consequência final que é a sarjeta, ou a completa exclusão do desestruturado do meio familiar.

Ele não é tachado como sem-vergonha quando ainda tem família, ou não está na sarjeta... Perceba a confusão em se avaliar o desestruturado. Ele faz coisas que sem-vergonha faz, mas não vive como nem onde um sem-vergonha viveria. Essa confusão, no entanto, não impede os espectadores de sua conduta de avaliá-lo negativamente, entre si ou em seu foro íntimo.

O doente não sabe o que as pessoas que convivem com ele pensam e não verbalizam.

Quando o ser humano contraria parâmetros estabelecidos, é catalogado como sem-vergonha segundo o julgamento social, como marginal segundo o julgamento jurídico, e como louco segundo o julgamento médico.

Cada um desses enquadramentos comportamentais direciona o destino do indivíduo: a sarjeta para o sem-vergonha, a cadeia para o marginal e o manicômio para o louco. Esses julgamentos e suas consequências permaneceram vigentes por muito tempo.

Essa abordagem simplista trouxe confusão para o entendimento da doença. Imagine uma pessoa pensando que ele não pode ser um sem-vergonha porque ainda tem família, pois, se ele fosse sem-vergonha, estaria na sarjeta... E assim sucessivamente: se marginal, na cadeia; se louco, no manicômio...

Em 1964, um fator novo surgiu, como iniciativa paralela, tentando mudar a abordagem da doença emocional. Foi inicialmente desconsiderada nos meios médicos e jurídicos, mas, com o passar do tempo, insurgiu-se como inquestionável, forçando uma modificação obrigatória nos três julgamentos instituídos.

Estamos nos referindo aos **Grupos de Neuróticos Anô-**

nimos, que seguiram os conceitos dos Alcoólatras Anônimos (cuja fundação data de 1935), tentando e conseguindo o mesmo sucesso. Os Grupos Anônimos instituíram os conceitos, primeiro, de **perda de domínio** e, segundo, de **capacidade de mudança**.

Primeiro: se eu me comporto de qualquer maneira incompatível com os parâmetros existentes, sejam eles sociais, jurídicos ou médicos, isso **não se dá por minha vontade**, mas por algo que me descaracterizou e que me fez **perder o domínio**: eu agi ou me comportei como se não fosse eu. Porém, não importa o que eu tenha feito, eu posso remover o mal que me dominava quando eu agi assim.

E esse é o segundo conceito: o meu comportamento pode ser modificado se eu **superar o fator externo** que me dominou.

Dessa forma, os sintomas ou os efeitos do comportamento do doente emocional deixam de ser o fator único a ser abordado.

6. ENTENDENDO A NEUROSE

A NEUROSE OU DESESTRUTURA emocional passou a ser alvo de diversas abordagens visando superar o mal. Ela era a responsável pelo comportamento inaceitável do ser humano.

Passou a ter diversas formas e rótulos. Não era "uma coisa só". Foi qualificada ou "batizada" por diversos nomes, que a medicina do comportamento chama de "diagnósticos". Aí entra a indústria farmacêutica, que muitos consideram responsável pela solução do problema. Mas indústria é negócio. Medicina é outra coisa completamente diferente.

Fato é que os diagnósticos não têm resolvido os problemas dos doentes, pelo contrário.

Temos que considerar as emoções como um elo importante no quebra-cabeça da desestrutura emocional, mas não devemos nos deter somente nesse aspecto, para entender as desestruturas. Devemos ir além nesse entendimento, com o seguinte questionamento: **o que vem antes das emoções?**

OS INSTINTOS DE SOBREVIVÊNCIA

Nossos instintos mais básicos são:

– a fome;

– a sede;

– o sono;

– o sexo (para perpetuação da espécie).

Antes do nascimento, a criança precisa de nove meses para ser formada no útero da mamãe. Durante esse tempo, pelo cordão umbilical, ela recebe os nutrientes de que precisa, que vêm com aquilo que a mamãe come e bebe. Além da forma humana que vai aos poucos se configurando, o bebê recebe a herança genética da família, não apenas em linha direta de seu pai ou de sua mãe, mas também de outros membros da família, seus ascendentes.

A herança genética é atualmente objeto de estudo de um projeto conhecido como **Genoma**, que se dedica a abordar as doenças herdadas pela criança de sua família, transmitidas na fecundação. O projeto visa alterar o funcionamento de órgãos e assim superar as vulnerabilidades herdadas. Como exemplo: se o pai ou a mãe tiver diabetes, a criança tem uma propensão a também se tornar diabética. O Genoma identifica e altera o relacionamento do fígado do bebê com o açúcar, eliminando, assim, a causa da provável doença.

Esse é um avanço tecnológico, mas ainda não nos ajuda a abordar um aspecto crucial para o desenvolvimento da personalidade do futuro adulto: a maneira como cada indivíduo lida com suas necessidades, com seus instintos, suas frustrações ou suas conquistas. Essa etapa do desenvolvimento ainda é mais bem trabalhada por meio da educação e dos exemplos. Vemos, assim, um descompasso entre as sofisticadas conquistas científicas sobre o funcionamento de nosso corpo e as retrógadas lacunas pedagógicas que persistem no ensino, para as crianças, de como lidar com seus desafios existenciais.

Voltemos ao desenvolvimento inicial dos instintos, momento decisivo na formação da personalidade. Os instintos de fome, sede e sono não realizariam sua função de suprir necessidades se não existisse uma maneira de o bebê avisar o adulto, para ser socorrido em suas carências. O recém-nascido foi dotado do **choro**, como se fosse uma campainha, que funciona como um aviso de suas necessidades básicas para sobreviver. A intensidade do berreiro manifesta a urgência das necessidades do bebê.

Com o crescimento do ser, o berreiro é substituído por outras manifestações de demanda para a superação das necessidades.

OS INSTINTOS SE TRANSFORMAM

A exploração comercial do instinto da **fome**, com o passar dos tempos, gerou uma indústria dedicada à alimentação do ser humano. As delícias da mesa, ou a gastronomia, transformam o instinto de sobrevivência em **prazer**. Configura-se a desestrutura emocional quando o excesso deforma o aspecto físico do ser humano, além de provocar doenças físicas – no caso da fome, quando a alimentação se transforma em gula.

Na falta do prazer que a transformação ou a deformação dos instintos de sobrevivência causa, o ser humano sente dor. Uma dor que o domina e o impulsiona à busca desse prazer, tirando de si a capacidade humana de autodomínio.

Quanto menos recursos o ser possui para sentir o prazer que sua mente criou, mais dor ele experimenta.

Imagine um ser humano adulto, na busca desesperada pela sensação de prazer que a mente criou. O prazer decorrente de saciar a **fome**, a **sede**, o **sono**, o **sexo**.

Para alcançar o prazer que considera necessário para viver bem, o indivíduo busca antes conseguir atributos sem os quais se considera incompleto, incapaz, inferior, pobre, sem as condições que o façam sentir-se rico, bonito, simpático, inteligente... enfim, sentir-se **poderoso**.

O "eu sei", "eu sou", "eu tenho" e "eu posso" passaram a ser exigências para o ser humano ser feliz.

Fácil entender a existência e o desenvolvimento de indústrias que movimentam bilhões em dinheiro, dedicadas à **transformação de instintos de sobrevivência em prazeres** – nas áreas da alimentação, das bebidas e remédios, do conforto e entretenimento, e do sexo.

OS SENTIDOS

O ser humano desenvolve, com seu amadurecimento, percepções para se inserir e se envolver com o mundo e as pessoas. Tais sentidos são: **audição**, **visão**, **tato**, **paladar** e **olfato**.

Os sentidos não são idênticos em todas as pessoas. Cada ser humano tem uma capacidade própria para desenvolvê--los. Essas diferenças refletem as variadas interpretações que cada ser dá à realidade, dependendo da percepção de seus sentidos, dependendo de suas condições de vida e de suas tendências. Mesmo vivendo sob as mesmas condições de outro, um indivíduo pode ter interpretações diferentes e pessoais sobre tudo que o cerca.

O filme italiano *A Vida é Bela*, de 1997, do produtor Roberto Benigni, nos dá um exemplo de um pai que na época da guerra, vivendo numa condição dolorosa, engendrou para o filho uma visão (interpretação) diferente da vida miserável que levavam. O filme nos mostra, como exemplo, que mesmo submetidos às mesmas condições de vida, seres humanos podem ter interpretações diferentes sobre um mesmo fato.

No final da década de 1990, conhecemos um rapaz de seus vinte anos, completamente desestruturado emocionalmente, envolvido em ocorrências policiais as mais diversas. Ele estava internado por diagnósticos diversos. Tivera uma mãe prostituta que, por não ter condições de criá-lo, deu-o a outra família, de relativos recursos financeiros. Ele alegava esse fato como justificativa por "não ter dado certo". Para nossa surpresa, recebeu a visita de seu irmão, filho da mesma mãe com outro pai, diferente do dele, nascido em condições idênticas e, como ele, dado a outra família. O detalhe significativo é que o irmão materno que foi visitá-lo era pastor de uma igreja evangélica. Duas interpretações radicalmente diferentes para uma mesma realidade de base.

AS INTERPRETAÇÕES DO SER HUMANO

Volto a considerar os Grupos de Anônimos, não somente para interpretar o legado que eles criaram para todos nós, mas também para incorporar esse legado como uma importante lição para a humanidade.

Essas Irmandades são o que chegou mais perto (na interpretação) da natureza exata da doença, lutando sozinhas contra uma conjuntura existente. Na verdade, porém, além de **anônimos**, eles continuam **sozinhos**, abandonados mesmo na sua abordagem da doença emocional. A cada dia que passa a solidão delas fica mais aparente, como se estivesse havendo (fora delas) não um avanço, mas uma regressão no entendimento das desestruturas.

A despeito do valor desses Grupos na ajuda de milhares de necessitados em todo o mundo, eles sempre foram ignorados por uma indústria que visa o lucro.

Uma das pistas que os Grupos de Anônimos nos dão é justamente a falta de percepção, pelo doente, da natureza exata de suas falhas. O que isso significa?

Que natureza exata é essa?

***Falta de natureza exata** são as falhas em nossa maneira de pensar, criando interpretações pessoais que não reavaliamos. Essas interpretações muitas vezes são precipitadas e/ou incoerentes sobre o que ocorreu e sobre o que ocorre conosco.*

As distorções interpretativas vão criando a desestrutura emocional, que tem início, meio e fim.

O início: nossos primeiros pensamentos que não são reavaliados, gerando interpretações fechadas, ou que não se modificam. Existem considerações filosóficas sobre o valor dos pensamentos, tais como: "Penso, logo existo", ou "Trabalha e pensa", "O trabalho é a vida, e o pensamento é a luz". É alto e nobre o valor que poetas e pensadores dão para o pensamento. E, com efeito, o pensar desequilibrado é o primeiro elo na corrente das desestruturas emocionais.

O meio: os sentimentos ou emoções criados pelas nossas interpretações. Considere as emoções como uma energia, o combustível que alimenta o ser humano, com o poder de movimentá-lo ou imobilizá-lo.

O fim: o comportamento adoecido, como último elo da desestrutura.

Ou seja: o ser humano é impulsionado pelo que sente, e ele só sente porque pensa.

Brincando de interpretar: na Bíblia, os primeiros seres humanos (Adão e Eva) não nasceram, mas "foram **construídos**", e "deram errado". Como se o Criador já soubesse que eles precisariam de tempo para aprender a conviver com o mundo em todos os seus aspectos – e que, por isso mesmo (ou seja, sem o amadurecimento natural), eles iriam falhar.

Seu entendimento de mundo deveria ser desenvolvido ao longo de um tempo, dividido por etapas. Cada etapa envolve particularidades que necessitam de um entendimento específico, diferente. E esse entendimento (ou modo de interpretar) deve ser sempre reavaliado, durante e ao fim de cada nova etapa, como se os acontecimentos e/ou envolvimentos de uma fase não tivessem validade completa na outra.

A primeira fase ficou conhecida como **infância**, e as interpretações do indivíduo nessa fase não serão totalmente válidas na outra fase, batizada como **adolescência**: ao se desenvolver, o ser deve aprender a distinguir **o que serve e o que não serve** mais.

Essa reavaliação tão importante (de interpretações infantis equivocadas), ou não é feita, ou é feita de maneira instintiva, sem a consciência do real valor de cada evento. Quando a reavaliação ocorre, essa transformação propicia o **amadurecimento** emocional do ser, compatível com sua faixa etária.

A vida emocional do ser humano tem início quando ele começa a interpretar.

Duvido que ele saiba, no princípio de sua vida, que a pessoa que o alimenta seja sua mãe. Embora seja bom pensar assim, acredito que a interpretação dele é apenas: "Oba! Lá vem meu papá!".

Isso não empobrece ou enobrece as mamães. O sentimento de apego crescerá naturalmente com a presença diária, constante, carinhosa e única. Mãe é aquela pessoa sempre perto no início da vida do neném. O vínculo se cria mesmo antes de ele saber que aquela é a mamãe. As interpretações vão sendo criadas, algumas se fortalecem, outras são reavaliadas e se transformam no amadurecimento emocional tão necessário para o ser humano.

Se um dia você presenciar uma criança se batendo no chão do supermercado querendo algo que não pode ter, isso ocorre simplesmente porque não a ensinaram a interpretar corretamente.

Se não ensinarem a criança a interpretar corretamente, ela será um adulto desestruturado emocionalmente.

Todos os dias, a criança cria interpretações da vida, da sua convivência, das pessoas que a cercam, enfim, de tudo aquilo que vê, que ouve, que toca etc. Seus sentimentos dependem dessas interpretações.

Ela vai à creche, depois à escola. Além de aprender a ler, ouve histórias, aprende a inventar, a sonhar. Pode ser que o aspecto que ela considere mais importante em sua vida seja ter um amigo. Seus pensamentos giram em torno da importância que ela dá a esse aspecto, mais que a outros. Essa crença passa a ser alimentada e cresce.

Então a criança cria um amigo imaginário e passa a conviver com ele. Pode até dar nome a esse amigo e se relacionar com ele. É natural na idade dela. Com seu crescimento, algum amigo real irá substituir o amigo imaginário. Se ela não conseguir se relacionar com um amigo real que substitua o amigo imaginário e continuar esse relacionamento na idade adulta, será considerada um doente esquizofrênico (convive com pessoas e/ou num mundo que só existe na sua imaginação).

O leitor poderá criar seu próprio entendimento sobre o

42 | DESESTRUTURAS EMOCIONAIS

significado do diagnóstico da esquizofrenia. Na prática, os diagnósticos não são discutidos. Pense a respeito: está diagnosticado, e pronto – "É esquizofrênico, sem discussões".

A pessoa diagnosticada não se esforça mais em saber o que o diagnóstico significa, como se isso não tivesse importância e ela fosse excluída da necessidade (ou fosse considerada incapaz) de reavaliar seu relacionamento ou envolvimento com as pessoas, com as situações e com o mundo em que vive.

O ganhador do Prêmio Nobel de matemática do ano de 1995, **John Nash**, foi diagnosticado como portador dessa doença. Em consequência, foi submetido às mais diversas abordagens, inclusive choques elétricos, para superar o mal. Por pouco escapou da lobotomia, porque o tempo dela tinha passado.

Ele simplesmente não conseguia viver bem em seu mundo real, pela dificuldade que tinha de se considerar importante ou capaz de fazer amigos. Como consequência, criou um mundo paralelo e vivia nele, o que implicava uma acomodação dele na interpretação de sua condição.

Quando essa acomodação foi quebrada?

Já sabemos que o relacionamento afetivo (ou a falta dele) foi o que iniciou a doença de John Nash. Ele queria ter um amigo, queria reconhecimento e queria afeto. E a intensidade de seu querer criou uma realidade distorcida em relação a suas condições reais, ou seja, criou condições imaginárias para preencher esses três aspectos de que carecia: amizade, reconhecimento, afeto.

Este último, isto é, o fato de sentir-se amado, John conseguiu por "acidente", pois não foi ele que iniciou seu relacionamento amoroso com a futura esposa. Foi ela que propiciou isso a ele. E tudo indica, no filme que é sua biografia (*Mente Brilhante*, de Ron Howard), que este era o vínculo emocional mais forte que ele sentia.

John Nash só se libertou dos sintomas da esquizofrenia quando sentiu que ia ser abandonado por sua companheira. Ela era o único elo emocional concreto que possuía. Pela primeira vez, de forma consciente, pela ameaça dela o abandonar (o que seria seu "fundo de poço"), ele decidiu assumir a responsabilidade por sua condição. Parêntese: a esposa o abandonaria porque seu sentimento de mãe falara mais alto – estava em jogo a vida do filho dela, pois, embora fosse filho dos dois, somente ela sentia esse vínculo.

Então, tomado por um instantâneo choque de realidade, John se colocou na frente do carro em movimento, quando ela estava indo embora de casa e do relacionamento, e bradou, como se manifestasse um choque de realidade: "Ela não envelhece!", referindo-se à criança que ele "via", e que o "acompanhava" havia décadas, sempre com a mesma aparência.

Sua mente foi brilhante não apenas por ter ganhado o Prêmio Nobel de matemática, mas por ter se libertado de uma doença, reconhecendo inclusive que precisava de uma "dieta mental", tanto que preferiu se instalar na Biblioteca da Universidade em vez de se isolar na sala que lhe fora oferecida.

> *Num espaço público, esse doente emocional poderia exercitar o que tinha evitado sua vida inteira: relacionar-se com o mundo real e com as pessoas.*

John Nash autorizou o filme *Mente Brilhante* e passou a fazer conferências com o intuito de transmitir às pessoas com o mesmo problema que havia uma saída. No filme, o espectador pode apreciar o sentimento da esposa e do amigo ao vê-lo na biblioteca se relacionando com pessoas...

Recomendo o filme para que o leitor perceba este aspecto da desestrutura emocional: **depende muito da conscientização do doente para ele libertar-se** de suas desestruturas emocionais.

Vale acrescentar que John ganhou o Prêmio Nobel **depois** de recuperar-se da doença.

Seria exigir muito dele que também fizesse, para o mundo, um inventário de sua vida passada, desde a infância, inventário no qual provavelmente nos transmitiria o que iniciou a sua dificuldade, ou seja, qual o fato gerador dessa dificuldade.

Na infância, a criança cria um modelo de vida que pretende alcançar, e persegue a realização desse modelo; quando os fatos não se enquadram nos seus sonhos, vêm as frustrações, que têm a dimensão da importância que deu à realização desses sonhos. Muitos, ao deparar com frustrações, julgam-se incapazes de alcançar o modelo sonhado, e ao mesmo tempo não se encaixam na realidade de suas vidas.

Para cada criança parece existir uma capacidade de reajustamento entre seu sonho e sua realidade. É difícil qualificar ou quantificar a capacidade de cada indivíduo em reconsiderar seu sonho.

Quanto menos capacidade de reajustar a interpretação, mais desestrutura haverá em seus sentimentos.

Há casos em que, ainda na idade infantil, a pessoa já desiste de alcançar o sonho que imaginou, acomodando-se a uma realidade miserável, e quanto maior for sua frustração, maior será a desestrutura emocional, que a levará a desistir de viver de outra maneira, muitas vezes já nessa idade... Sua percepção de que tem uma "vida miserável" consegue "apagar" seus sonhos.

A cronicidade da doença é a impossibilidade de reajustar seus sonhos.

Parece existir um caminho que a desestrutura emocional tem de percorrer. Esse caminho se inicia com a dúvida do indivíduo, criança ou adulto, se vai conseguir realizar o sonho que alimenta de ser o que quer, o sonho de ter o que julga importante conseguir.

Os sonhos são alimentados quando a pessoa ainda considera que tem valor e capacidade para conquistá-los. O fato de a criança sentir que é amada, querida e respeitada por aqueles de quem ela aprendeu que deve esperar isso parece ser um escudo de proteção para superar as dificuldades que venham de fora, de estranhos. Crianças ainda conseguem uma superação relativa quando alimentam o pensamento de que possuem alguma consideração e respeito por parte de quem esperam receber isso.

Imagine que tipo de ser humano adulto poderá ser uma criança que não consegue reajustar seus sonhos infantis.

Cada história pessoal pode servir como fonte de consulta para comprovar a necessidade de reajustamento dos nossos pensamentos entre as diversas etapas da vida.

Faça você, leitor, um retrospecto de sua infância, e talvez possa "descobrir" relacionamentos, fatos ou situações que, como adulto, ainda não reavaliou, e que podem ter importância ou ter desencadeado alguma desestrutura.

Existe uma passagem bíblica na qual o apóstolo Paulo considera: "Quando eu era menino, pensava como menino, agia como menino. Depois que me tornei adulto, deixei as coisas próprias de menino".

A grande maioria das interpretações de qualquer ser humano, construída na infância, tem que ser reconsiderada ou reinterpretada na adolescência.

A **adolescência**, por sua vez, talvez seja a fase mais perigosa para o ser humano. É a fase em que se desenvolve ou não o sentimento de **poder pessoal**. É quando se sonha em

COMO SE LIBERTAR DA NEUROSE | 47

possuir qualidades como **simpatia, beleza, riqueza, inteligência**, e a capacidade necessária para exercê-las.

Diante de novas e diversas possibilidades de construção mental, talvez o adolescente precise de ajuda externa para aprender a reavaliar. O cuidado na escolha de quem é capaz de ajudar a reavaliar é tão essencial quanto a própria reavaliação.

Sempre haverá a necessidade de reinterpretação ou reavaliação para o ser humano, sobre a maioria dos fatos de sua vida.

Reavaliar sempre. Para aprender, ele pode começar a brincar de reavaliar coisas e aspectos que lhe pareçam banais.

Reavaliar é poder. Ninguém parece dar importância às diversas fases da vida do ser humano; porém, elas representam nada mais do que nossas **fases de reavaliação.**

O adolescente, principalmente, deve ser ensinado a pensar – e a reavaliar sempre seus próprios pensamentos.

Hoje, é como se houvesse uma cultura de forçar artificialmente o ser humano a sentir diferente. Não a pensar diferente. Os diagnósticos que demandam tratamento medicamentoso baseiam-se no que o ser humano sente e, por isso, podem funcionar por acidente de percurso (por tentativa e erro, ou "tateando no escuro" até encontrar um alívio), porquanto atuam **sobre os sintomas** físicos e psíquicos daquilo que pensamos, e não **sobre a verdadeira causa** da desestrutura emocional, que é o pensar imaturo, distorcido.

A adolescência é uma fase perigosa simplesmente porque o adolescente não é ensinado a reconsiderar seus pensamentos, e não sabe que as conclusões ou interpretações que construiu podem tornar-se **invasivas**. A maioria dos indivíduos de nossa época, principalmente os adolescentes, não foram educados para saber disso. Eles não sabem que podem perder o controle de seus pensamentos e, em consequência, ser dominados por eles.

Os pensamentos invasivos vão se tornando uma condição difícil de ser reavaliada com o tempo em que vão sendo alimentados pelo indivíduo. Com essa recorrência, ao longo do tempo, ele perde o controle sobre seus pensamentos, e estes passam a gerar sentimentos e atitudes no sentido de realizar o que pensa, independente do quão incoerente sejam com a realidade.

A capacidade do ser humano sentir não depende unicamente de seus sentidos. Depende da interpretação que ele dá a cada aspecto que seus sentidos captam, a cada situação que o envolve.

Quando os **Neuróticos Anônimos (N/A)** sentiram a necessidade de reconsiderar os métodos convencionais de superação das desestruturas emocionais, principalmente pela falta de resultados desses métodos, eles não questionaram essas abordagens. Simplesmente, e de maneira "anônima", instituíram um modelo próprio, **simples** e **compreensível**, e sobretudo **voluntário** para quem os quisesse seguir.

É claro que não foram levados a sério. Talvez por serem "anônimos" não fizeram muito barulho. Menos até que o observado quando os alcoólatras se insurgiram: estes foram considerados como "bêbados reunidos defendendo bêbados", até que ganhassem notoriedade pelos resultados. Posteriormente, e em função dos Alcoólicos Anônimos, surgiram os grupos de narcóticos, inicialmente com a designação de Toxicômanos Anônimos (as primeiras reuniões daqueles grupos eram invadidas pela polícia, que ainda não compreendia sua finalidade). Sua designação mudou para NA (Narcóticos Anônimos) e persiste até hoje.

Posteriormente surgiram os Neuróticos Anônimos, que se dedicam até a presente data à superação das desestruturas emocionais, mas com os quais o desprezo parece ser a atitude adotada, nos meios acadêmicos e médicos em geral.

Esta desconsideração ao método dos Neuróticos Anônimos (N/A) existe até hoje e parece aumentar a cada dia que passa, haja vista o crescimento cada vez maior da opção farmacêutica (utilizada pela indústria) para a abordagem do mal. A estratégia parece ser tornar os **anônimos** em **inexistentes**.

Se considerarmos as peculiaridades da doença e a fragilidade do doente emocional, é um alívio para ele se eximir da responsabilidade por um mal que não entende e a respeito do qual sempre ouviu considerações ruins.

Mas é justamente o movimento contrário que deve ser feito: **ele se responsabilizar pela recuperação.**

Parece muito simples, para quem procura um milagre, aceitar a afirmação de que conseguirá remover ou modificar seus sentimentos se conseguir **pensar de maneira diferente**, ou **reinterpretar as ocorrências significativas** de sua vida, que lhe fizeram se sentir mal.

Porém, o caminho é este mesmo: simples assim.

Reconsidere ou reinterprete:

— seus traumas;

— os abusos que sofreu;

— os maus-tratos por parte de pessoas que deveriam lhe amar;

— os abandonos por alguém que deveria estar presente;

— as péssimas condições familiares.

Enfim, as reinterpretações implicam uma reavaliação desses e de outros fatos, focalizando não só em você, mas na natureza exata das pessoas ou situações com as quais se relacionou ou se envolveu, reinterpretando como aconteceram.

Considere hoje se, naquele tempo ou no lugar em que aconteceram, as pessoas que lhe magoaram, traíram ou abusaram de você eram pessoas felizes. Tente considerar o tamanho da infelicidade delas; o desespero delas; as condições de vida delas, e certamente você reconsiderará que essas pessoas não tinham as condições que você esperava delas. Provavelmente, antes de você, elas já demonstravam suas próprias desestruturas. Provavelmente elas não pudessem se relacionar da maneira que você esperava.

Você foi contagiado pela infelicidade delas.

---

*Elas lhe humilharam não por você. Você estava ali na ocasião. Elas lhe humilharam porque **elas** tinham problemas. Você interpretou errado.*

A reinterpretação não visa modificar o fato, ou trauma, visa modificar a sua interpretação sobre eles. Se conseguir fazer isso, você modificará o que sente pelo que aconteceu, pelas pessoas que de alguma maneira lhe ofenderam e, em consequência, por si mesmo.

Infelizmente, você só pode libertar você.

Considere agora algumas fobias, como: medo de altura, de barata, de rato, e outras, vistas por você (que não as tem) como incompreensíveis.

Considere uma pessoa que não sobe em prédios altos, ou não se aproxima de precipícios. Simplesmente evita se aproximar de lugares onde acredita que a altura a ameace. Algumas evitam se aproximar desses lugares por sentirem-se "sugadas" por eles.

Você, que não tem esse problema, não compreende o comportamento de tais pessoas. Na prática, elas não correriam perigo em virtude da distância que as separa do contato real com a altura. A realidade de tais situações não representa uma ameaça ou o perigo que elas supõem que existe. Elas perderam o controle por acreditar no que suas mentes desestruturadas criaram. A impossibilidade que sentem não é real. A incapacidade de reinterpretação e o tempo que essa crença foi alimentada tornaram a mentira em verdade absoluta para essas pessoas, com relação à altura.

Assim se dá com as várias **fobias**, além daquela relacionada à altura.

Grande parte dos seres humanos é criada como se **não fosse responsável pelo que pensa**. Algumas pessoas se tornam tão vulneráveis que não precisam de tempo para interpretar errado, logo da primeira vez em que são submetidas a um abuso, a uma humilhação etc., **ficam traumatizadas**.

A infância e principalmente a adolescência são fases em que o ser humano está mais vulnerável às desestruturas emocionais. O ideal seria um reexame dessas fases na vida de cada um de nós para que pudéssemos reinterpretar ocasiões e fatos que, atualmente, têm um significado importante para nós.

A lista de ofensas, traições e humilhações sofridas pelo doente emocional é muito grande, pois depende de sua interpretação peculiar. Essas humilhações, ofensas, traições etc., dependendo da forma como o ser humano as interpreta, afetarão sua capacidade de **ter**, ou sua qualidade de **ser**, ou as duas ao mesmo tempo.

Não estou afirmando que os fatos que provocaram as desestruturas não ocorreram. Ocorreram sim! Mas é necessário que quem foi submetido a tais fatos **não considere como única a primeira interpretação** que deu ao fato.

Reanalise todos os fatores envolvidos. Se as pessoas ou situações mereciam crédito. Ou se eram doentes emocionais, problemáticas de alguma maneira.

E se essa pessoa humilhou ou abusou de você, foi muito mais **por um problema dela**, **não por você ser quem é**.

Ele ou ela abusaria de qualquer um.

Deixe de ser vítima. Se liberte! Reinterprete!

A REINTERPRETAÇÃO DO FATO PRESENTE

O meio em que o ser humano vive, seu relacionamento com pessoas próximas, todos os aspectos em que ele se encontra incluído, de alguma maneira, podem afetar a interpretação de vida dele.

Vamos usar agora o exemplo de Gideão, narrado na Bíblia, em Juízes (a partir do capítulo 6).

Esse trecho conta a história de uma época em que os israelitas não obedeciam às leis de Deus e eram subjugados por outro povo, conhecido como midianitas: "Porque subiam com seus gados e tendas, vinham como gafanhotos, em tanta multidão que não se podia contar, nem a eles nem a seus camelos, e entravam na terra para a destruir. Assim Israel empobreceu muito pela presença dos midianitas. E sucedeu que clamaram os filhos de Israel ao Senhor, por causa dos midianitas".

Essa era a situação dos filhos de Israel naquela época, que nada podiam fazer, visto serem em número bem inferior ao povo que os subjugava. Confrontá-lo parecia impossível e, naquela situação, Gideão se lamentava: "Ai Senhor meu, se o Senhor é conosco, porque tudo isto sobreveio? E que é feito de todas as suas maravilhas que nossos pais nos contaram?".

Gideão, como nós, não interpretou o que lhe acontecia como consequência das atitudes de seu povo. Mas, se nada acontecesse, aonde o povo de Gideão chegaria? Sua situação chegaria a um ponto sem volta...

Certamente, a desestrutura emocional, se não superada, levará o doente a sofrer danos irreparáveis, pela debilidade que nós próprios nos atribuímos.

Em meio a suas lamentações, Gideão ouviu a voz do Senhor: "Vai, nesta tua força, e livrarás a Israel da mão dos midianitas; porventura não te enviei Eu?". E Gideão lhe disse: "Ai Senhor meu, com que livrarei a Israel? Eis que minha família é a mais pobre em Manassés, e eu, o menor na casa de meu Pai".

PRIMEIRA INTERPRETAÇÃO

A primeira interpretação de Gideão foi semelhante à nossa primeira interpretação, à primeira interpretação de qualquer ser humano desestruturado emocionalmente. Realmente, a situação parecia insustentável, no primeiro momento. Mas o ser humano que não é emocionalmente desestruturado **reavalia** as situações e, à proporção que reconsidera, o problema muda de tamanho.

Gideão havia recebido uma ordem que não caberia discutir – vinha do próprio Deus. Era ele, Gideão, que teria de comandar a libertação de seu povo.

Então, levantou-se de madrugada e, com todo seu povo, acampou nas mediações do local onde estavam os inimigos.

O Senhor chamou sua atenção para o fato de o povo que estava com ele ser muito numeroso: existiam covardes e medrosos que somente atrapalhariam Gideão.

SEGUNDA INTERPRETAÇÃO

Ele foi obrigado a **reavaliar**. Assim o fez, e restaram somente dez mil homens. Então se apresentou ao Senhor com os dez mil homens restantes.

O Senhor olhou para Gideão e para os dez mil homens restantes e disse: "Ainda muito povo há".

Coloque-se no lugar de Gideão. "Estou perdido!", deve ter sido o seu pensamento, e o Senhor estava como que dizendo: "Reavalie, Gideão! Reinterprete!".

TERCEIRA INTERPRETAÇÃO

O Senhor obrigou Gideão a reinterpretar. (E se não houvesse o Senhor?)

Gideão sabia que não adiantava discutir com Deus, mas sua incapacidade não o deixava com clareza suficiente para "pensar certo". Naquela situação, ele não tinha capacidade de "ver, ouvir e sentir" com clareza.

Fato é que, segundo a reavaliação de Gideão, sobrariam somente trezentos homens com condição para lutar.

Era uma missão impossível, pois os inimigos somavam perto de cem mil. O Senhor lhe dissera: "Paz seja contigo; não temas, não morrerás".

E, orientado pelo Senhor, ele desceu com um companheiro até as extremidades onde se encontravam as sentinelas do inimigo, e lá viu não só os midianitas, mas também os amalequitas e todos os filhos do Oriente. Era uma multidão·tal de inimigos, que pareciam gafanhotos, e "eram inumeráveis os seus camelos, como a areia que há na praia".

Após ter constatado o impressionante número de seus subjugadores, Gideão sentiu que não poderia entrar em combate com aquela gente. Foi então que ouviu um homem contando seu sonho ao companheiro. Ouviu e, enfim, **interpretou**.

Esta última iniciativa de Gideão ele tomou sozinho. Com certeza, inspirado nas **interpretações** anteriores que o Senhor o fizera ter, a respeito da quantidade dos homens de que dispunha. O Senhor estava educando-o a pensar melhor.

A interpretação correta é que não poderia entrar em combate contra cem mil homens com apenas trezentos.

Se nós fôssemos uma torcida, poderíamos cantar em coro: "Reinterprete, Gideão, reinterprete"... E, depois de tudo: "Reinterprete novamente".

A ÚLTIMA INTERPRETAÇÃO

E assim fez Gideão, e dividiu os trezentos homens em três grupos de cem, levando cada grupo vasos de barro (cântaros) e uma trombeta. E a ordem foi que cercassem os inimigos e, a um sinal seu, quebrassem os vasos e tocassem as trombetas: "E, assim, tocaram os três esquadrões as buzinas e partiram os cântaros, e tinham em suas mãos esquerdas tochas acesas". E ficou cada um no seu lugar ao redor do arraial, e o exército inimigo fugiu, sentindo-se cercado por "enorme quantidade" de contendores.

A história bíblica de Gideão nos deixa um ensinamento muito simples: será que temos que entrar numa batalha com nossos "inimigos"? Não haverá outra maneira de superar nossos problemas sem batalhas, sem que tenhamos de "gastar" tanto esforço?

De qualquer maneira, o primeiro pensamento sobre qualquer das nossas dificuldades sempre estará "contaminado". Assumirá dimensões irreais.

DANOS ÀS CAPACIDADES DE VER, OUVIR E SENTIR

Vamos considerar o exemplo de outro personagem bíblico; este, porém, não teve capacidade de reinterpretar.

Sansão se tornou um personagem bíblico bastante conhecido. Sua história foi retratada num filme bastante divulgado em praticamente todo o mundo (*Sansão e Dalila*, de 1949), além da própria narrativa bíblica, lida por milhares de pessoas.

Não seria a primeira vez, nem a última, que duas pessoas de raças, famílias, origens, cores e outros aspectos diferentes ultrapassam barreiras e se unem em nome do amor. Contudo, existem peculiaridades no relacionamento de Sansão e Dalila que chamam atenção, quando abordamos as desestruturas emocionais.

58 | DESESTRUTURAS EMOCIONAIS

Primeiro: Dalila não foi o único relacionamento amoroso de Sansão. Segundo: o sentimento que unia os dois não era recíproco, e não era amor.

Senão, vejamos: os príncipes filisteus souberam do relacionamento dos dois e procuraram Dalila para que ela tentasse descobrir de onde vinha a força de Sansão. Propuseram a ela, cada um, mil e cem moedas de prata; eles estariam no quarto ao lado, esperando seu aviso. Dalila aceitou. A partir daí, temos todos os motivos para acreditar que ela verdadeiramente não amava Sansão.

A conclusão e o questionamento que nos vêm à mente é muito simples: Sansão não percebia? Tudo indica que não, e essa tese é reforçada pelo que aconteceu a seguir. "Disse, pois, Dalila a Sansão: Declara-me, peço-te, em que consiste a tua grande força e com que poderás ser amarrado para te poderem afligir. Disse-lhe Sansão: Se me amarrassem com sete vergas de vime fresco, que ainda não estivesse seco, então me enfraqueceria e seria como qualquer outro homem".

Os príncipes dos filisteus trouxeram para Dalila sete vergas de vime fresco e se postaram no quarto ao lado esperando que ela, após ter amarrado Sansão enquanto este dormia, gritasse que **estavam vindo os filisteus**, para que ele acordasse; se o que dissera fosse verdade, ele não se libertaria, e seria feito prisioneiro.

Assim fez Dalila e, como não era verdade o que Sansão lhe revelara, ele acordou e quebrou as vergas de vime com que tinha sido amarrado. "Então disse Dalila a Sansão: Eis que zombaste de mim e me disseste mentiras; ora, declara-me agora com que poderias ser amarrado".

E pela segunda vez ela, mostrando-se ofendida, fez a mesma pergunta. Sansão respondeu que, se fosse amarrado com cordas novas, ele se enfraqueceria. Ela o esperou dormir, amarrou-o com cordas novas e gritou dizendo que os filisteus estavam presentes – e Sansão se libertou das cordas novas. Outra vez Dalila mostrou se sentir traída, acusando-o de ser mentiroso. O mesmo fato tornou a acontecer e, assim, após três tentativas em vão, Dalila retrucou: "Tenho-te amor, não estando comigo o teu coração? Já três vezes zombaste de mim e ainda não me declaraste no que consiste tua força".

Sansão, incapaz de reavaliar o que estava acontecendo, contou a Dalila no que consistia sua força, e assim foi dominado pelos filisteus, amarrado num templo, com seus olhos furados, para ser sacrificado numa celebração com a presença de toda a nação filisteia. Foi quando Sansão, mesmo amarrado, cego, derrubou a coluna em que estava preso, e o templo veio abaixo, cumprindo-se a profecia de que ele destruiria a nação filisteia.

Naquele momento da história de Sansão, sob o ponto de vista das desestruturas emocionais, várias perguntas poderiam ser feitas: Por que Sansão não percebeu o comportamento estranho de Dalila? Não sabia ele que ela poderia ser uma inimiga, já que pertencia a gente inimiga?

São perguntas que familiares e amigos de pessoas compulsivas se fazem: **Será que ele não vê?**

SANSÃO, O COMPULSIVO

O leitor, sabendo da história de Sansão, logo o identificaria como uma pessoa desestruturada, dependente de amor e sexo.

Assim como o dependente de uma substância química que lhe dá prazer, outros compulsivos também se tornam dependentes do que acreditam lhes dar prazer, seja sexo, comida, compras, jogo etc.

Considerando as desestruturas emocionais como um mal que já existia desde o início do mundo, o que a tragédia de Sansão pode acrescentar como exemplo para nosso entendimento atual?

Retomemos o início da vida de Sansão, para tecer algumas considerações. A primeira consideração: Sansão era um filho de Israel, e Dalila era filisteia; os dois, portanto, filhos de raças inimigas entre si. Será que o amor os uniu? A história seria como tantas outras de que ouvimos falar, de renúncia de pessoas a suas famílias, raças ou religiões? O desfecho dessas histórias em geral revela a verdade sobre as motivações em seu início.

O que se espera é que o amor vença barreiras, preconceitos e, sobretudo, tenha um final feliz. Sim, essa é uma expectativa coerente quando esse sentimento é recíproco. Porém, em seu conceito bíblico, "o amor não exclui justiça, não se comporta inconvenientemente" (1 Coríntios, 13) – portanto, o sentimento entre Sansão e Dalila não era amor.

Observe quantas oportunidades Sansão teve para descobrir os verdadeiros sentimentos da amada, e não o fez. Seu comportamento era de uma pessoa cujas capacidades de ver, ouvir e sentir estavam comprometidas (por suas vontades), algo incompatível e inadequado para uma pessoa adulta, como era Sansão.

Retrocedendo na história de vida dele, vamos tomar conhecimento de que, antes de Dalila, Sansão se relacionara com uma prostituta na cidade de Gaza, sendo, naquela oportunidade, descoberto pelos inimigos, tendo de fugir e escapando por pouco.

Dalila, portanto, não foi o primeiro relacionamento comprometedor de Sansão.

Fato marcante na vida de Sansão é que ele não era uma pessoa comum. Sua mãe era estéril e fora escolhida e avisada por um anjo do Senhor de que daria à luz um filho que libertaria seu povo dos filisteus. Na Bíblia, no livro de Juízes, capítulo 13, lê-se no versículo 3: "E o anjo do Senhor apareceu a esta mulher e disse-lhe: Eis que agora és estéril e nunca tens concebido; porém, conceberás e terás um filho".

Posteriormente, o marido, chamado Manoá, procurou o Anjo e perguntou: "Mas qual será o modo de viver e serviço desse menino?". E o anjo respondeu: "De tudo o que eu disse à mulher, também ele se guardará: ela e ele não comerão de tudo quanto procede da videira, nem vinho nem bebida forte beberá, nem coisa imunda comerá: tudo quanto tenho ordenado guardará".

Sansão era uma pessoa predestinada, e só este fato já tornaria inconcebíveis seus dois relacionamentos citados, a despeito de ter sido cumprida a profecia.

Voltando no tempo e verificando o comportamento de Sansão, encontramos outro fato bastante significativo: naquela época, era costume que a família do varão se dirigisse à família da moça e a pedisse em casamento em nome de seu filho.

Juízes, 14: "E desceu Sansão a Timna; e vendo em Timna uma mulher das filhas dos filisteus, subiu, e declarou-o a seu pai e a sua mãe, e disse: Vi uma mulher em Timna, das filhas dos filisteus; agora, pois, tomai-ma por mulher". Podemos compreender o espanto de seus pais, que retrucaram: "Não há, porventura, mulher entre as filhas de teus irmãos, nem entre todo o meu povo, para que tu vás tomar mulher dos filisteus, daqueles incircuncisos?".

E disse Sansão a seu pai: "**Tomai-me** esta, porque **ela agrada aos meus olhos**".

Ela não se enquadrava ao modo de vida da família de Sansão nem ao propósito pelo qual ele viera ao mundo. Além disso, o comportamento dele sempre foi agressivo e inadequado, não só para o padrão de seu povo, mas (e principalmente) para a tradição que lhe fora destinada.

Não foi Dalila a primeira mulher que lhe pediu para contar em que consistia sua força. Já no seu casamento com a primeira filisteia, Sansão dera um enigma aos seus inimigos para que resolvessem após os sete dias do seu casamento, segundo o costume da época. Como os filisteus não conseguiram resolvê-lo, procuraram a mulher de Sansão e a ameaçaram e ao pai dela. Juízes, 15: "E sucedeu que, ao sétimo dia, disseram à mulher de Sansão: Persuade a teu marido para que nos declare o enigma, para que não queimemos a fogo a ti e à casa de seu pai (...) 16: E a mulher de Sansão chorou diante dele e disse: Tão somente me aborreces e não me amas, pois deste aos filhos do meu povo um enigma a adivinhar e ainda não mo declaraste. Sansão lhe respondeu: Eis que nem a meu pai e minha mãe o declarei, por que o declararia a ti?".

A história conta que no sétimo dia, em virtude do choro dela, Sansão lhe contou a solução, e ela confessou o enigma aos filhos do seu povo. Sansão se vingou, destruindo a lavoura dos filisteus, que, em contrapartida, queimaram sua esposa e o pai dela.

À luz do estudo das desestruturas emocionais, os comportamentos de Sansão nos deixam os seguintes ensinamentos: ele não incorporou o poder que lhe foi dado para salvar os seus do jugo dos filisteus. Agia como uma pessoa sem poder, como um humilhado, considerando o comportamento dos filisteus como se fosse uma ofensa a ele, e não à sua raça. Perdeu a noção do que realmente representava, e passou a lutar desesperadamente para se impor e demonstrar que tinha poder. Deixou de ser autêntico, como se vivesse com os filisteus pendurados no seu pescoço, dizendo-lhe o que fazer. Não tinha mais vida própria. **Deixou de ser.**

Humildade, portanto, é a capacidade superior de saber quem você é, tirando dos outros esse poder.

CODEPENDÊNCIA

Esta é uma condição de desestrutura que acomete familiares de pessoas também desestruturadas.

Nada garante que o fim da vida de Sansão seria diferente se seus pais interferissem no seu primeiro casamento, mas foi um procedimento que se esperava deles. O correto seria interferirem, já que sabiam ser errada sua decisão de casar-se com uma pessoa de povo não só diferente, mas inimigo, segundo as condições da época. Não interferiram, e tudo ocorreu como deveria ter ocorrido naquelas circunstâncias.

Mais do que criticar, é importante saber por que não interferiram.

Atualmente, fala-se muito em codependência como um comportamento prejudicial de pessoas que têm apego emocional pelo desestruturado. O comportamento dos pais de Sansão retrata um exemplo forte dessa desestrutura. De certa maneira, eles se anularam esperando que tudo ocorresse segundo a promessa de que Sansão viera para libertar seu povo. Eles se acomodaram.

Atualmente, em proporções distintas, as famílias esperam que seus parentes se encaixem num modelo já existente de filhos, de pais, maridos, esposas, e assim por diante.

Quando o modelo não é reproduzido, parentes se frustram. A tradição foi agredida. Não aconteceu como previsto num padrão preexistente. O desestruturado agride uma destinação. Contraria o que a sociedade espera dele e, em proporções menores, o que a sociedade também espera da família dele.

A família sente vergonha. O comportamento dele mancha o bom nome deles. E, como consequência, é comum a família se isolar de situações onde percebam que o comportamento daquele membro desestruturado virá à tona. E também deixam de convidá-lo, pela mesma suspeita.

Não é raro sentirem culpa.

Podem pensar que talvez o desestruturado seja o castigo deles. E, em consequência, passam a se penalizar como se ele fosse o "pagamento" por "algo errado" que fizeram no passado. Muitas famílias aceitam essa condição e nada fazem.

Pode vir o medo do futuro, quando pensam quase exclusivamente no que ele vai ser de ruim, ou seja, num futuro sombrio que se apresenta. O medo muitas das vezes faz a família temer por situações que acontecem fora dela, no mundo em geral. E a família passa a se perguntar: quando vai acontecer conosco?

Normalmente é a raiva que se apresenta quando pensam na situação em que ele os colocou. Podem pensar que se ele não existisse seria melhor. Se arrependem de seus pensamentos e alimentam a culpa.

A dependência emocional,
atualmente conhecida como **codependência,**
é uma desestrutura que impede a família de agir e,
com isso, permite a progressão da doença de seu parente.

Havia codependência no caso de Sansão, bem como em todos os casos de desestruturas emocionais.

Na desestrutura conhecida como codependência, uma considerável parcela dos envolvidos com doentes emocionais volta-se contra si própria e, no auge da doença de seu parente, castiga-se ou não se perdoa por ter sido responsável pela existência dele ou dela.

VOLTANDO A CONSIDERAR SANSÃO – A COMPULSÃO

A postura de Sansão parece muito incoerente, por não perceber a má-fé de Dalila, e a insistência suspeita dela (por três vezes) para que lhe dissesse qual sua vulnerabilidade; além disso, havia também o fato de já ter ocorrido com sua primeira mulher situação semelhante, e principalmente uma tragédia decorrente de sua obstinação.

– **Será que ele não vê?** – é a pergunta que todos os que convivem com pessoas desestruturadas emocionalmente se fazem.

Com raríssimas exceções, o comportamento humano é previsível, como consequência das condições de vida, da família, do grau de instrução do indivíduo em questão etc. Por isso, chama atenção de quem conhece uma pessoa quando seu comportamento agride o que se espera dela.

Maior espanto ocorre quando situações inadequadas acontecem com frequência, como é o caso de pessoas com desestruturas emocionais.

7. AS DESESTRUTURAS EMOCIONAIS E O CÉREBRO

Num cérebro humano normal, o mundo é captado pelos sentidos conhecidos, como a audição, o paladar, o olfato, o tato e a visão.

Essa primeira captação é recebida pelo tálamo, que, depois de processar a informação, a envia para o córtex, e lá ela fica arquivada, passando a constituir o passado do indivíduo. No córtex, algumas dessas informações geram a vontade de **ser**, **ter**, **fazer** etc., e são encaminhadas para a amígdala (que não é a da garganta; tudo que parece uma castanha, a ciência chama de amígdala). Na amígdala é que são produzidas as emoções.

As vontades que o ser humano sente são censuradas ou pelo que ele sabe, ou pelo que ele pode, ou pelo que ele deve, tudo arquivado no córtex.

Eu tenho vontade, mas **não posso**, **não devo**, ou **não sei** fazer – então, costuma-se dizer que "vontade dá e passa". Isto quando o ser humano não tem uma desestrutura emocional.

Na desestrutura emocional, a vontade dá e **não passa**. Pelo contrário, ela toma proporções incontroláveis e faz uma via direta do tálamo para a amígdala – ou seja, o primeiro pensamento forte, ou o somatório de pensamentos que se tornam **invasivos**, são levados diretamente para a amígdala, sem passar pelo córtex, ou pela censura. E lá promovem emoções, de dor ou de prazer, incontroláveis, que imobilizam ou impulsionam o ser.

Depois que o ser humano se comporta ou não se comporta como deveria, levado ou imobilizado por uma energia incontrolável, é como se ele se "esvaziasse" e o seu cérebro voltasse a funcionar normalmente.

Só então o indivíduo toma consciência do seu comportamento errado ou da sua omissão. Arrepende-se do que fez ou do que não fez. Ele mesmo se pergunta: como pude fazer ou deixar de fazer aquilo?

Quando faz, é **compulsão**. Nunca é demais repetir que o ser humano, nesta condição, não consegue se conter e, impulsionado por sua desestrutura emocional, age em desacordo com o que sabe ou aprendeu.

Quando não faz, é **depressão**. Também é útil entender que o ser humano nessa condição tem a mesma necessidade de agir que qualquer outro. Ele pode ser impedido por algum fator, mas sente da mesma maneira que os outros. Ele "morre por dentro, por não poder fazer por fora". Esta é a condição doentia que pode levar o ser humano a querer "sair da vida". O indivíduo nessa condição não necessariamente quer morrer, mas chega à conclusão de que não tem mais capacidade de viver. Ele aceitaria continuar vivendo se alguém desse outra vida a ele.

Imagine agora um rabino, um religioso convicto. Após anos de uma vida sacerdotal ilibada, ele tem um constrangimento qualquer em sua atividade... Passa a alimentar um déficit de prazer desestimulante, a ponto de questionar o que faz. Está vulnerável e não sabe. Sente-se infeliz. Seu desempenho leva-o a questionar sua vocação.

Um dia, numa loja, presencia uma senhora (que não percebeu sua presença) roubar uma peça de roupa qualquer. De início leva um susto e se questiona sobre aquilo, pelo contraste entre o comportamento e a postura da senhora. Muito bem-vestida, emanava até certa nobreza, em nada compatível com o comportamento que ele presenciara. Aquele fato não lhe saiu do pensamento, e passou a procurar aquela mulher em outras lojas. Nunca mais a viu.

Um dia, numa daquelas lojas, sentiu-se tentado a agir como aquela senhora. Não o fez nas primeiras vezes, mas um dia não pôde se controlar e furtou uma gravata. Foi tomado por uma emoção estranha como jamais sentira.... Todos os seus sentidos afloraram.

É claro que se recriminou.

Deu a gravata de presente, e isto o aliviou. Não era para seu uso e, no fim de tudo, realizou uma boa ação.

Com o passar do tempo, voltou a repetir os pequenos furtos, e a repetição tornou-o confiante e negligente a ponto de ser pego em flagrante. A notícia virou manchete: "Preso o rabino que roubava gravatas"! Pode parecer incoerente para quem o conhecia, mas é perfeitamente compreensível para quem entende que, intimamente, foi assim que ele deu novo "valor" à sua vida "enfadonha e imprestável", segundo seu ponto de vista adoecido.

Imagine uma pessoa que se considera infeliz (é válido acrescentar que o conceito de felicidade é pessoal). A pessoa com essa crença está vulnerável a qualquer chamamento do que lhe cause prazer. Seja jogo, compras, comida, sexo, etc.

Um dia, vivencia uma dessas experiências e tem uma sensação que há muito não sentia. De prazer no sexo, por exemplo. Começa a fantasiar e cria condições mentais para potencializar aquela sensação. Seus pensamentos convergem para o sexo e passam a ser invasivos. Não precisa mais querer pensar – os pensamentos sobre sexo vêm em condições ou lugares que não deveriam vir, até mesmo com pessoas que sua consciência recrimina. Pode focalizar o sexo como a única condição que lhe dá prazer.

Com o tempo, a luxúria toma conta de sua mente, e ele busca cada vez mais alcançar o prazer que sua mente espera. Não é um prazer real, é uma fantasia que sua desestrutura busca alcançar.

Quando o pico de seus pensamentos constrói um tipo de parceiro ou parceira, um lugar, uma posição, o compulsivo condiciona o tamanho do prazer à realização da fantasia que criou, e procura sempre **aproximar a realidade** o máximo possível dessa fantasia.

É como se houvesse um tempo estipulado para esse encontro ocorrer: quanto mais demora há nessa procura, mais o compulsivo se arrisca e negligencia os cuidados que deveria ter. Ele se expõe na busca de seu desejo, e procura realizar sua fantasia com qualquer pessoa e em qualquer lugar. Quase sempre se frustra com o resultado.

Essa frustração leva o compulsivo a reforçar ou rever sua

fantasia. Reconsidera lugares, condições e muitas vezes o parceiro ou parceira que seria adequado para encontrar a sensação de sua fantasia.

A busca do compulsivo, seja por jogos, comida, sexo, drogas, enfim, pelo prazer que considera essencial para ser feliz, leva-o a entrar em conflito com o que aprendeu como correto, isto é, com os padrões que guiavam seu comportamento antes de sua compulsão.

Considerando a ordem natural das consequências, é esperado que essa condição afete o QI (quociente intelectual) do doente.

8. A DOENÇA SE DEFENDE (OU O DOENTE DEFENDE A DOENÇA)

No INÍCIO DA DOENÇA compulsiva, o doente sabe quando agiu errado, e pode até se recriminar intimamente e aceitar as admoestações de quem o viu se comportar mal. Contudo, a compulsão leva-o a agir mais uma vez da maneira que sabe que não é correta.

Difícil é determinar o momento exato em que o doente começa a modificar sua visão pessoal do que é certo ou errado. Mas ele mentalmente faz isso, na impossibilidade de modificar seu comportamento compulsivo; essa distorção de seus próprios valores visa evitar a dor que sente. Ele defende a doença.

É quando começa a desenvolver um mecanismo de defesa conhecido como **negação** que tem diversas facetas.

MENTIRAS

Alguns doentes, no início da doença, sentem uma dor interna motivada pela mentira que contam. Mas, pelo que sabemos sobre a compulsão, sob o efeito da compulsão eles perdem o domínio sobre o que sabem que é certo.

Podem se recriminar no início. Contudo, a repetição de seu comportamento inadequado leva-os a criar condições para se aliviar do que fizeram. A doença vence.

O doente começa a mentir sobre o que fez, sobre onde e com quem estava. Com a progressividade da compulsão, suas mentiras vão se tornando cada vez mais elaboradas, e pode ser que, tomado pela necessidade doentia de exercitar a compulsão, ele perca totalmente a capacidade de avaliar as consequências de sua mentira.

Vejamos um exemplo.

Um compulsivo precisava sair de casa. Tinha um encontro marcado com o "pessoal". Já haviam programado um "encontro legal", e ele já não tinha mais "moral" de avisar a esposa de que precisava sair e, principalmente, de que o programa consistia em ficar uma noite fora. Tomado por uma necessidade compulsiva, não mediu as consequências do que poderia acontecer depois.

Não era a primeira vez que passava a noite fora de casa – das outras vezes, pregara uma mentira qualquer, e nada acontecera. O fato é que a "galera" já estava esperando, e não podia decepcioná-los. Ademais, já estava acostumado com as consequências ou com a ausência delas.

A esposa podia falar, reclamar, esbravejar, mas ele sabia que ela nada faria de efetivo quando voltasse, no outro dia. Então, se preparou como se não fosse sair de casa: vestiu uma bermuda caseira e uma camiseta comum, calçou chinelos, despenteou o cabelo e, o toque final, jogou o maço de cigarros na rua, pela janela. Preparou-se emocionalmente e exclamou: "Beeem! Você viu o meu cigarro?".

É claro que ele já sabia que a resposta era *não*. Pergunte-se qual esposa reage negativamente a uma situação como esta, impedindo, mesmo desconfiada, que ele saia de casa para comprar cigarros...

O fato é que ele sai e volta no outro dia, fazendo cara de sofredor, criando outra mentira sobre a "fatalidade" do que lhe aconteceu.

Não se trata mais de evitar constrangimento, de causar boa impressão, de obter vantagem ou evitar punição – **trata-se da sobrevivência da doença**, o que, a partir de algum momento, é mais forte do que sua própria sobrevivência.

LEMBRANÇA EUFÓRICA

A vida "normal" de certo indivíduo perde o valor em função da sensação que determinada lembrança lhe traz.

Ele pode morar num barraco, em condições miseráveis, e se acomodar a essas condições, movido a cada dia pela **lembrança eufórica** de um momento vivido que não consegue esquecer.

Ele pode ter oportunidade de melhorar suas condições de vida. Não ganha tão mal assim. Contudo, parece não se importar com essa realidade, amealhando a maior parte do que ganha para satisfazer sua lembrança eufórica de um pequeno momento que um dia viveu.

Um cantor e compositor famoso aborda esse comportamento na letra de uma das suas músicas:

76 | DESESTRUTURAS EMOCIONAIS

A gente trabalha o ano inteiro
por um momento de sonho,
pra fazer a fantasia
de rei ou de pirata ou jardineira,
e tudo se acabar na quarta-feira.

Muitos doentes emocionais não conseguem viver o momento presente, embalados pela lembrança do prazer que sua compulsão lhes proporcionou. Eles não percebem que a maioria das tristezas do presente é resultado de seu comportamento em busca do objeto de sua compulsão.

Um compulsivo focaliza o momento de prazer que a realização de sua compulsão lhe dá. Tomado por essa fantasia, não mede as consequências de suas atitudes. Quem o observa nessa situação normalmente se pergunta: "Será que ele não percebe? Será que ele não vê o que está fazendo?".

Pode ter certeza de que naquele momento ele não tem condições de avaliar qualquer que seja o prejuízo.

PROJEÇÃO

Tudo o que a desestrutura emocional precisa para crescer é o doente não se responsabilizar por sua situação.

Se ele tem uma loja que não vende o que devia, se as pessoas não são atraídas pelos seus produtos, se o seu casamento vai mal, se os seus filhos não são bem-educados, e ele não se considera responsável por qualquer dessas situações – ele sempre será vítima de qualquer circunstância.

Seja o plano do governo; seja a mulher com a qual se casou; seja o sistema educacional; até o clima pode ser responsável por ele não estar bem.

O doente não leva em consideração que não abre as portas de seu negócio nos horários que deveria abrir; que não cria os atrativos necessários para atrair clientes; explica a si mesmo que a cidade é atrasada; que se casou com a mulher errada; enfim, considera sempre uma condição externa ou outra pessoa como responsável pelo seu fracasso, por sua infelicidade.

O constante exercício dessas construções mentais como defesa de suas falhas de comportamento leva o doente a acreditar nessas **projeções**.

Quando essas inverdades se tornam insustentáveis para ele próprio, promove fugas para superar as mentiras que criou. Não é raro o doente mudar de cidade, acabar casamento, afastar-se de relacionamentos, enfim, passar a fugir do que acredita ser responsável por seu infortúnio.

São dezenas as construções mentais que cria para amenizar sua dor, por não poder se libertar de seu comportamento doentio. Além dos comportamentos citados, outros podem ser considerados, como as **justificativas**, a **minimização**, a **supressão**, a **repressão** etc.

De reportagens antigas realizadas pela TV Globo na década de 1990, extraímos exemplos de pessoas **justificando** os motivos de seus infortúnios. Selecionamos depoimentos sobre o uso de psicotrópicos e, mais graves, sobre a psicopatia.

Em um deles, ouvimos casos não só de indivíduos, mas de cidades inteiras dependentes de remédios controlados, como a cidade de Conceição do Castelo, onde a maioria dos habitantes vivia sem se responsabilizar por seus sentimentos, buscando fora de si a solução para seus problemas.

Uma artista de TV questionada pela repórter sobre seu uso de psicotrópicos justificou que se medicava "para ter sonhos lindos", fazendo questão de acrescentar que dormia normalmente sem o remédio, mas que o tomava só para ter esses "sonhos". Ela acreditava no que dizia e fazia questão de que as outras pessoas também acreditassem.

A realidade é que não aceitava a dependência e que não conseguia dormir. (Na mesma reportagem fica claro que ela não conseguia dormir porque fora enganada por seu advogado e perdera uma herança considerável.)

Na mesma cidade vemos as falas de algumas mães que não aceitavam suas condições e queriam uma solução externa para as dores emocionais. Julgavam-se vítimas da dor que sentiam. E não se consideravam responsáveis pelas condições decorrentes de suas condutas, a tal ponto que, mesmo grávidas e avisadas pelos médicos de que o uso do medicamento poderia fazer mal à criança em gestação, perdiam a capacidade de avaliar as consequências e usavam os psicotrópicos. Em certos casos, com a criança já nascida, alguns sintomas no comportamento dela deixavam avaliar o mal que fora feito.

Essas mães não eram pessoas ruins. Muitas eram movidas pelo desespero que a desestrutura emocional acarreta em sua psicologia e em seu comportamento.

Uma pessoa compulsiva, no início da desestrutura, não conhece o mecanismo da doença, mas instintivamente sabe que está agindo de maneira incorreta e sente dor por isso. Ela se defende da dor, na impossibilidade de conter suas atitudes.

A gravidade da doença é proporcional à capacidade do doente de anular a dor de seu comportamento danoso.

Mas o doente emocional consegue diminuir totalmente a dor que deveria sentir em consequência de suas atitudes erradas?

A resposta infelizmente é **sim**. Alguns doentes conseguem chegar a esta condição.

Em reportagem de outro documentário, a Rede Globo de Televisão aborda o tema da psicopatia. Nele, o espectador conhece Pedro: ele fora preso e acusado da morte de seu padrasto. Mesmo na prisão, Pedro continuou a matar; chegou a ser responsabilizado, na época, pela morte de mais de cinquenta pessoas.

Ao ser entrevistado, perguntaram-lhe como ele se considerava; Pedro respondeu: "Todo mundo sabe o que sou. Eu sou um ser humano como outro qualquer". Quem assiste à matéria percebe que ele respondeu sem evasivas. Não estava se desculpando ou respondendo de maneira a encobrir seus atos.

Pode parecer estranho a qualquer pessoa que não entenda a progressividade das desestruturas emocionais, mas Pedro conseguiu eliminar todo e qualquer sentimento de autocensura ao seu próprio comportamento. Na entrevista, ao ser perguntado por que matava as pessoas, ele respondeu: "São meus inimigos". Para ele era uma questão de vida ou morte.

Assumiu uma **interpretação** pessoal de que, quando "identificasse" qualquer sinal de afronta, de discordância, de contrariedade, sua vida estaria em perigo. Era preciso agir. O que para ele significava **matar**.

O repórter continuou a entrevistá-lo e perguntou o que ele mais desejava naquele momento, e ele simplesmente respondeu: "A minha liberdade". Esta resposta foi o toque final da insanidade de Pedro – a maioria das mortes foram efetuadas por ele dentro da prisão. Após mais de vinte anos decorridos da reportagem a que me refiro, Pedro continua preso e... matando seus "inimigos".

O que nos interessa observar neste caso, e que também ocorre em outras desestruturas, é a **repetição** das atitudes do doente, que seguem uma progressão proporcional à retirada da sensibilidade do autor dos atos sobre aquilo que fez (ele vai eliminando sua consciência e a dor que antes sentia).

Ao longo de suas atitudes, um fenômeno parece ocorrer: o **prazer** do que fazem no presente vai substituindo gradativamente a dor que sentiam no passado. Os compulsivos passam a se comportar, no presente, movidos pelo prazer que a doença produz, e o motivo que os impulsionou passa a ser somente uma lembrança, desprovida da dor de antes.

Durante o longo tempo de trabalho com desestruturas emocionais, tenho observado que todas as desestruturas têm um início, seja uma humilhação, uma traição, um abuso, ou um estupro. A gradação da dor pelo fato sofrido quem dá é quem foi submetido a ela, com sua interpretação particular.

9. OS HÁBITOS

Os HÁBITOS caracterizam a boa ou má conduta do ser humano. Eles têm uma importância considerável tanto para o bem, quanto para o mal.

O apóstolo Paulo caracterizou os hábitos como obras para que o bom cristão desenvolvesse a fé. "A fé sem obras é morta", enfatizou posteriormente o apóstolo Tiago, acrescentando: "Se alguém disser que tem fé e não tiver obras, sua fé é morta".

"O hábito faz o monge", diz também o ditado popular.

De outro lado, o das desestruturas emocionais, esse lema também é verdadeiro: os hábitos devem ser considerados de suma importância para superação da doença. O doente emocional não percebe que está viciado em hábitos ruins, os quais, ao longo do desenvolvimento da doença, o levaram a conviver com pessoas e em ambientes inadequados à sua condição. Até o isolamento requer a incorporação de hábitos.

Esqueça por um momento as desestruturas e considere a sua própria profissão (ou a de alguém que você conheça e que tenha essa profissão há anos), ou pense em um hábito cotidiano e necessário que você exercita ao longo de tem-

84 | DESESTRUTURAS EMOCIONAIS

pos, de maneira tão inconsciente que já não precisa pensar a respeito para realizá-lo. Dirigir, por exemplo, ou andar com a mão no bolso: a grande maioria dos que possuem esses hábitos não precisa pensar para exercê-lo.

A maioria dos fumantes não precisaria fumar a quantidade de cigarros que fuma, considerando a necessidade de nicotina que a dependência física reclama. Tanto que o fumante dá uma tragada, sente o gosto ruim e joga fora o cigarro quase inteiro. O cigarro, nesses casos, já é um hábito que preenche outra necessidade do fumante – a de fazer algo que não pode fazer, algo que lhe falta.

O fortalecimento do hábito depende do tempo que foi exercido, seja ele bom ou ruim.

Cabe bem aqui a reprodução de um trecho de artigo da doutora Suzana Herculano-Houzel, neurocientista, professora da UFRJ (Universidade Federal do Rio de Janeiro), com o título "A força do hábito". Afirma a doutora:

> É preciso reprogramar o cérebro para mudar um comportamento executado sempre da mesma maneira.
>
> Havia quase dez anos que o estacionamento no trabalho era o mesmo e, mesmo sem termos vagas marcadas, costumo parar mais ou menos no mesmo lugar todos os dias.
>
> Até que, mês passado, uma pequena obra mudou o portão de entrada e saída de um corredor do estacionamento para o outro lado, mais distante de onde eu habitualmente paro o carro e sem a possibilidade de passar de um corredor para o outro.
>
> O resultado foi inevitável: passei mais de uma semana errando a saída do estacionamento.

Nas primeiras vezes, simplesmente dirigi até onde o portão antigo ficava, para só então me dar conta do erro e fazer meia volta.

Nos dias seguintes fui melhorando aos poucos: ainda entrava automaticamente no lugar errado, mas, a cada vez, notava meu erro um pouco mais cedo. Até que, finalmente, semana passada meu cérebro aprendeu: já sou capaz de entrar no carro ao final do dia e me dirigir diretamente à saída.

A semelhança da minha situação com a de ratinhos de laboratório sendo submetidos a testes de aprendizagem e de memória não passou despercebida, claro – são os ossos do ofício.

Foi divertido, na verdade, notar na própria pele (ou no próprio cérebro) como pode ser difícil extinguir um hábito para adquirir outro em seu lugar.

A doutora continua explicando que o exemplo dela é uma versão branda do que acontece com o ser humano quando ele precisa abandonar ou modificar seus comportamentos.

Ela afirma que os hábitos do ser humano estão inscritos no cérebro e que executá-los não exige atenção – são realizados automaticamente.

É claro que os hábitos são valiosos quando adequados a uma condição boa; por outro lado, são extremamente problemáticos quando exercidos de maneira inadequada.

As desestruturas emocionais são fortalecidas por hábitos da mesma forma que as virtudes também o são.

E, no ser humano, as mudanças de hábitos são extremamente difíceis. Existem experiências conjugadas (com ratinhos de laboratório e com seres humanos) em que é colocado no final de uma pista um pedaço de queijo e, ao final de uma estrada, qualquer objeto de desejo que cause um comportamento compulsivo do ser humano.

Ficou comprovado que, se for retirado o queijo no fim da pista do ratinho, ele desiste de segui-la após três tentativas, enquanto o ser humano percorre sua estrada por tempo indeterminado, sempre esperando encontrar o objeto de sua compulsão.

É como se estivessem arquivados em sua mente estímulos que o levassem a sempre voltar a pensar nessa fonte de prazer, e a buscá-la a qualquer preço. A estrada é uma via para alcançar a realização de seu desejo.

Consideremos agora a profissão de uma pessoa (de anos ou décadas), ou o hábito de tomar banho ou de escovar os dentes. Essas atividades têm um valor particular para cada pessoa e, pelo tempo que são exercitadas, já não requerem esforço mental para ser feitas – como dissemos, são executadas praticamente de maneira inconsciente.

Estima-se que 40% a 45% dos comportamentos humanos são feitos automaticamente, sem que seja necessário pensar a respeito. É importante considerar o "sem que seja necessário pensar a respeito", pois não é bem assim: os pensamentos existem e se tornaram *invasivos*. Invasivos porque não requerem mais esforço mental para serem ativados. Eles fluem e, porque suas consequências são boas, tais pensamentos são fortalecidos e alimentados por hábitos saudáveis ao longo do tempo.

A profissão de qualquer pessoa, também realizada por longo tempo, já não requer esforço mental para ser exercida. Imagine que uma pessoa nessas condições se casa e tem filhos (o que, inclusive, fazia parte de seus sonhos). Esse indivíduo tinha pensamentos formados a respeito, mas sem prática alguma. É claro que vão ocorrer "acidentes de percurso" que, se não forem reavaliados, podem levar o casamento a dar errado. E, quando der errado, e sua mulher e filhos o deixarem pela impossibilidade de convivência, em função (por exemplo) de suas exigências desmedidas na vida familiar, ele continuará sendo aquele profissional competente, mas com uma vida particular desestruturada. Os hábitos o salvaram, por um lado, e a ausência deles o comprometeram, por outro.

Esta é uma faceta enganosa da doença, que permite, em muitos casos, que a desestrutura cresça sorrateiramente de um lado (afetivo, familiar e social), enquanto o doente mantém o bom desempenho no lado do trabalho, sustentado por seus hábitos arraigados.

O doente dificilmente percebe que está sendo programado em hábitos socioemocionais ruins, pela convivência com pessoas e frequência em ambientes inadequados à sua condição de vida.

Ele perde a natureza exata do afastamento de sua realidade, e conflitos entre a vida que leva e a vida que deveria levar vão surgindo, cada vez mais evidentes, incompreensíveis e inaceitáveis para as pessoas de seu meio. Desculpe, mas a afirmação correta seria: *para as pessoas **que pertenciam** ao seu meio.*

10. AS COMPULSÕES

A COMPULSÃO é um estado mental, ou energia (emoção ou sentimento) incontrolável. Representa uma necessidade imperiosa que movimenta ou imobiliza o ser humano desestruturado, tanto para alcançar o prazer que interpretou como necessário ou imprescindível para viver, quanto para fugir de uma condição ou dor que avalia como insuportável.

Sob qualquer desses aspectos, a compulsão implica uma mudança de comportamentos e relacionamentos, porém, para criar um modo de vida adoecido (autocentrado, descontrolado), que substitui parte do modo de vida anterior do doente.

As atitudes compulsivas não são exercidas por ele de maneira voluntária. Ele é impulsionado a agir.

Na verdade, no início da doença ele também não aceita seu comportamento, e criar-se-á um conflito interno entre o que sabe ser certo e errado. A desestrutura emocional vence, e ele age compulsivamente. Está estabelecido o conflito entre sua necessidade de sentir prazer e a dor consequente de seus novos hábitos na busca por esse prazer.

O doente vai criando mecanismos mentais que, gradativamente, modificam sua percepção de dor, para que possa impunemente obter o prazer que anseia, dentro de sua nova expectativa de felicidade.

Trava-se então uma guerra interna entre o prazer e a dor. Um é consequência do outro. Vence o mais forte.

Já abordamos a luta interna que o doente promove para tornar seus hábitos aceitos, primeiro por ele próprio, depois, por todos que o cercam.

O FUNDO DO POÇO

Os Grupos de Anônimos, já a partir de 1935, instituíram o conceito de **fundo de poço**, que, à primeira vista, parece desumano, mas que, quando compreendido, é uma grande arma no combate às desestruturas emocionais.

Fundo do poço representa uma **dor** que tem o poder de atingir o doente, trazendo-o para a realidade de sua vida, a ponto de fazê-lo encarar o mal decorrente de suas atitudes, mal que não condiz com seu caráter e do qual não vai conseguir se libertar sozinho. Precisa de ajuda.

A ajuda de que precisa não é a ajuda que a doença quer. E essa condição de **pedir ajuda**, infelizmente, poucas vezes é realizada, pois, durante os anos de exercício da doença, o indivíduo cria julgamentos negativos e falsos a respeito de tudo e de todos. Esses julgamentos (e muitas certezas, idiossincrasias) precisam ser reconsiderados com ajuda externa; sozinho ele não será capaz.

Fundo de poço não é causar dor. É simplesmente deixar o doente desestruturado sentir a dor que seu comportamento causa, simplesmente não resolvendo os problemas que a doença cria.

Desestruturas emocionais, principalmente as que derivam da busca do prazer, com o tempo levam o desestruturado a **não poder parar**, até enfim chegar a ponto de **não querer parar**.

Os hábitos, os envolvimentos e o custo do seu comportamento vão causar problemas. Problemas que ele criou.

Permitir que um doente emocional chegue ao fundo do poço é simplesmente não resolver os problemas que a doença o leva a criar – para impeli-lo a buscar (e aceitar) a ajuda externa de que precisa.

11. AS CONSEQUÊNCIAS FÍSICAS

As DESESTRUTURAS EMOCIONAIS, conhecidas também como **neuroses**, podem provocar doenças físicas de toda ordem, ocasionadas pela incapacidade do cérebro entender o sentimento compulsivo do doente. Esse sentimento doentio provoca uma explosão de químicas que altera o funcionamento normal do cérebro, o qual reage, buscando identificar a origem dessa dor, sem conseguir.

Não consegue porque não é uma dor física, não se parece com nada com que o cérebro está acostumado. É como se a incompreensão do que está acontecendo acendesse nele uma luzinha vermelha representando o sinal de perigo. Um sinal diferente dos sinais que representam as necessidades normais que o órgão tem de atender.

Como exemplo: quando ele alerta sobre a necessidade de atender o instinto da fome, e o ser humano come atendendo a esse estímulo, o cérebro também comanda os órgãos envolvidos na digestão do que se comeu: o coração bate mais forte, bombeando o sangue e fazendo-o circular pelas artérias numa pressão e volume compatíveis com a necessidade avaliada pelo cérebro; o fígado libera a glicose armazenada; o baço libera glóbulos; enfim, o aparelho digestivo entra em ação.

Nessa hora, qualquer atividade que signifique uma interferência na digestão é perigosa, pois causa uma confusão no cérebro, que não saberá para onde direcionar o trabalho dos órgãos. Ele reage às cegas e, mesmo não identificando para onde deve enviar o esforço dos órgãos comandados, promove uma **tempestade visceral**. O cérebro então atua em estado de "confusão mental".

Ora, essa interferência não é uma necessidade real, ou seja, não é identificada pelos sentidos (visão, audição, paladar, tato e olfato). Essa confusão mental, com o tempo, causa as mais diversas consequências físicas. Essas consequências ou doenças físicas decorrentes das desestruturas emocionais não são interpretadas como deveriam.

Este é somente um exemplo de encadeamento de fatores, para que possamos compreender as doenças físicas que a desestrutura emocional causa. O termo **confusão mental** visa definir o estado do seu cérebro quando você se descompensa emocionalmente, por exemplo, com **medo** ou com **raiva**.

As alterações de pressão do sangue, alta ou baixa, criam anomalias e por vezes rupturas, denominadas **ataques cardíacos** ou **isquemias cerebrais**, quando o ser humano doente praticamente **explode**. Embora a tempestade visceral provoque como que um cansaço, sentido pelo doente quando ela passa, ele não tem condições de avaliar as dimensões do mal. O desestruturado lamenta a intensidade da pressão do sangue, o batimento cardíaco, a tireoide... enfim, considera-se vítima. Ele não imagina o quanto é necessário para o ramo industrial dos remédios **que ele se considere vítima**.

Para o próprio doente emocional, porém, é um alívio **se sentir vítima**.

"Eu bem avisei que sou doente"...

Ultimamente, uma situação semelhante a essa tomou conta das manchetes dos jornais, sem, é claro, trazer-se à luz a verdade por trás do fato. A esposa de um ex-presidente da República praticamente "explodiu" por não suportar a descoberta da situação em que se colocara. Teve uma isquemia cerebral. Literalmente, uma artéria explodiu. Fatos semelhantes ocorrem todo dia, sem que as isquemias e os ataques cardíacos sejam associados às desestruturas emocionais.

12. A VONTADE

TODO SER HUMANO tem vontade.

Quando, por qualquer motivo ou necessidade, o ser humano sente vontade de realizar algo, antes de agir, intuitivamente, promove uma análise do que **deve**, **sabe** ou **pode** fazer para satisfazer seu desejo. Ele possui um acervo de informações, que vêm sendo "armazenadas" ao longo de anos, tanto pelas suas próprias experiências de vida, quanto pelas experiências que outras pessoas lhe transmitiram. Esses dados lhe permitem avaliar as consequências que a realização de sua vontade irá acarretar, não só a si próprio, mas às outras pessoas e ao meio onde vive.

Todo ser humano também tem um passado.

O passado do ser humano constitui um acervo de dados que lhe orienta se deve ou não realizar sua vontade. Não importa qual seja a vontade.

"Mato aquele sujeito!" – você pode pensar dessa maneira, mas, instintivamente, seu passado vai influir nessa verbalização, impedindo que tome a atitude no sentido de realizar sua vontade. A vontade pode não ter qualquer efeito prático. Diz-se que "ela dá e passa".

Você, conhecendo alguém que disse isso, pode até brincar: "É isso aí, eu o ajudo!". E acabam por rir. Aquilo é só vontade. Volto a repetir: **ela dá e passa**.

É o seu passado, a sua experiência acumulada influindo na sua vontade.

A desestrutura emocional, exercida ao longo de um tempo, variável para cada ser humano, acaba influindo na capacidade do doente emocional de avaliar e controlar sua vontade.

A desestrutura emocional conhecida como *compulsão* transforma o comportamento da pessoa, levando-a a desenvolver atitudes incoerentes com o seu modo de vida, independente do grau de instrução ou condição social que tenha.

Ela passa a assumir posturas em completo desacordo com o que **sabe**, **deve** e **pode** fazer.

O doente transforma vontade em compulsão.
Por conclusão, compulsão é a distorção da vontade.

Sob o efeito da compulsão, o doente é impelido a agir ou reagir.

Depois da ação ou reação, esvazia a compulsão e, só então, volta a pensar no que fez e se recrimina: "Como eu pude fazer isto?".

A partir do exposto, temos um entendimento importante sobre a neurose: **compulsão é a distorção da vontade.**

Tanto que, quando vemos um compulsivo em ação, a primeira pergunta que fazemos é:

*Será que ele não sabe, vê ou sente
a incoerência das suas atitudes?*

No início da desestrutura, é claro que ele sabe, mas, com a continuação do exercício da doença, o que ele sente predomina sobre o que ele sabe.

O que ele sabe representa a sua inteligência (QI). A conclusão lógica é que a desestrutura emocional vai provocar um déficit no Quociente Intelectual do doente.

13. OS PENSAMENTOS

NESTE PONTO da nossa análise sobre a desestrutura emocional, já sabemos da importância dos pensamentos como o primeiro elo a ser considerado. Eles devem ser o ponto de partida para a compreensão da doença. É a alavanca que dá início a qualquer sentimento que o ser humano possa ter.

O ser humano emocionalmente saudável cria seus pensamentos e, da mesma forma que os cria, ele os "descria" ou os transforma, praticamente de maneira inconsciente. Ou seja, ele pensa, repensa ou deixa de pensar, orientado pelos dados "arquivados" em sua mente, no córtex cerebral. É como se, de maneira automática, ele mantivesse certo controle sobre o que pensa.

Quando suas atitudes contrariam o que aprendeu e o que está "arquivado" como certo, sente dor. O tamanho do erro vai dimensionar o tamanho da dor que sente. Pensamentos alimentados em demasia, numa única direção, se constituirão numa interpretação fechada, e a pessoa perde o controle sobre eles. A perda do controle é ocasionada pela repetição. A repetição torna os pensamentos invasivos.

Quando o pensamento se torna invasivo, no início o ser humano tenta modificá-lo, mas, se a condição invasiva continua, ele perde essa capacidade. E, instalada a incapacidade

102 | DESESTRUTURAS EMOCIONAIS

de mudança dos pensamentos, o ser (já doente) muda sua visão sobre a gravidade e as consequências do comportamento que eles acarretam.

A luta contra a invasão dos pensamentos demanda um tempo variável para cada pessoa e depende de sua percepção sobre o prazer ou a dor que tais pensamentos representam.

Os traumas que causam dor ou os envolvimentos/situações que geram prazer são sempre interpretações pessoais, muito particulares de cada um, e podem levar às fugas ou à procura compulsiva das situações a que esses pensamentos remetem.

Fatos que causaram uma dor profunda podem gerar pensamentos invasivos que tomem o controle da mente do doente e "requeiram" um comportamento semelhante ao que ele sofreu. Como se a reprodução do fato constituísse uma vingança e o libertasse da dor que seus pensamentos causam.

Imagine o indivíduo tentando controlar pensamentos invasivos relativos a um prazer que deseja experimentar, pensamentos que aos poucos vão aumentando de frequência e intensidade. Esses pensamentos em torno do prazer desejado vão interferir, de maneira incontrolável, na resistência que o indivíduo tem aos desconfortos que sua vida presente ocasiona. Ora, não existe vida, qualquer que seja, sem desconfortos. Desconfortos são próprios de quaisquer atividades – é natural que nos ocorram. Contudo, eles assumem dimensões desproporcionais de dor em comparação ao prazer que os pensamentos invasivos prometem à pessoa desestruturada.

Pense na inconveniência de lugares ou de pessoas com os quais o doente é levado a conviver ou interagir pelo prazer prometido por seus pensamentos invasivos. Porém, com o tempo de convivência, lugares e pessoas ligados à doença **passam a ser o seu mundo**. O mundo onde ele pode exercer impunemente as desestruturas incontroláveis motivadas por seus pensamentos, semelhantemente incontroláveis.

É um erro comum pensar que as desestruturas emocionais se desenvolvem sem resistência. Existem desestruturas cujos portadores não aceitam seus pensamentos invasivos, mas não sabem como se libertar deles. Não é tão incomum pessoas com pensamentos invasivos agirem como que "comandadas" por esses pensamentos. E, depois, elas próprias não conseguirem criar uma defesa para seus atos. Quanto mais seus atos forem graves, mais elas se recriminam, sem que possam deixar de praticá-los – e de se culpar após realizá-los.

Com o tempo, esse doente sabe que não conseguirá se conter quando os pensamentos se apossarem dele. Muitos desses desestruturados demonstram sensação de alívio quando descobertos ou presos, e podem exclamar, como que aliviados: "Ainda bem que descobriram", "Ainda bem que fui preso" etc. Como se tivessem se subdividido em dois. E um não controla o outro – ou seja, o consciente não controla o impulsivo.

A ciência comportamental identificou que há pessoas com uma estrutura emocional forte: são aquelas que possuem uma capacidade de pensar diferente das demais e, como o metal que não verga quando submetido a calor, elas também são **resilientes**, ou não desenvolvem neurose mesmo quando submetidas a condições adversas, de dor, ou tentadoras, de prazer.

Mas essas pessoas pensam diferente?

A resposta é não. Só que nessas pessoas o primeiro pensamento não dura muito. Elas têm uma capacidade incrível de reconsiderar o primeiro pensamento e criar, logo em seguida, um segundo pensamento diferente do primeiro, e depois um terceiro diferente do segundo, e assim por diante.

Como exemplo, pensemos num homem que ia se casar e deu de presente à noiva um belo vestido. Ao visitá-la sem aviso, pegou-a com outro, usando o vestido que tinha lhe dado para ser usado no dia do casamento. Depois disso, esse noivo torna-se incapaz de ouvir marchas nupciais, de ir a festas de casamento e de suportar toda aquela avalanche de pensamentos que passou a alimentar. Tal enredo culminaria com o assassinato de dezenas de noivas pelo doente, em virtude de ele não suportar os pensamentos invasivos que alimentava.

Podemos imaginar uma reação diversa, ou oposta: outro indivíduo que, na mesma situação, está com um sorriso maroto nos lábios... Se você perguntar para ele: "Por que esse sorriso? Você acabou de ser traído!", e se ele é resiliente, bem poderá responder: "Ainda bem que eu descobri antes – já pensou se eu me caso?".

Então, reavaliar o primeiro pensamento
parece ser o início da solução.

O **neurótico** ficará alimentando o primeiro pensamento de infelicidade, a postura de autopiedade, como se ele fosse vítima. O **resiliente** tem a capacidade de criar outros pensamentos, e a cada pensamento novo corresponde uma emoção nova, diferente da anterior – e você, como espectador, pode vê-lo rindo, e se admirar, e perguntar: "Você deu uma topada, machucou um dedo do pé, e ainda ri... Como você explica isso?". E poderá ouvir: "Olha, pensando bem, foi um aviso. Eu não tenho prestado atenção onde ando, vou ter de fazer uma revisão do meu jeito de caminhar. E até que eu paguei um preço barato, pois ainda me sobraram quatro dedos". Este não tem postura de vítima, mas de **sobrevivente**, e está grato pelo pequeno preço pago.

A lição que fica é que o primeiro pensamento pode ser igual para todas as pessoas, mas algumas, as **resilientes**, têm uma capacidade de pensar uma, duas, três ou mais vezes de maneiras diferentes sobre o mesmo fato que lhes aconteceu, criando, em decorrência, sentimentos ou emoções diferentes sobre ele.

Uma pessoa neurótica é aquela que tem um pensamento único sobre determinado fato. Ela pensa uma primeira vez; pensa uma segunda vez da mesma forma que a primeira; pensa uma terceira vez da mesma forma que a segunda, e assim sucessivamente, sempre acumulando o mesmo pensamento. De quantos pensamentos semelhantes ela vai precisar para criar uma emoção de dor ou prazer insuportável, ou seja, de desestrutura emocional, que a torne compulsiva, a ponto de não comer ou dormir, provocando depressão ou ansiedade?

O neurótico não reajusta expectativas.

---

14. QUANDO A NEUROSE TEM INÍCIO

ATUALMENTE, a neurociência considera que se uma criança, aos cinco anos de idade, for submetida a um fato punitivo inadequado (não corretivo), ela nunca mais o esquecerá.

A criança não esquecerá o quê? O erro do fato que cometeu ou a punição que sofreu? Na maioria dos casos, a criança focaliza na punição que sofreu, não no erro que cometeu. A maneira errada de corrigir leva a criança a não considerar o erro cometido. Ela fica focada na punição. Adultos costumam cometer erros na correção de erros das crianças.

A criança não só não esquecerá, mas a partir de algum tempo esse fato punitivo começará a influenciar negativamente em suas atitudes. Poderá continuar a repetir seus erros, acrescidos de outros erros criados pela correção errada dos adultos.

Uma senhora de aproximadamente quarenta anos, narrando um fato marcante de sua vida, acrescentou ter nascido numa localidade do interior de um Estado brasileiro que não era banhada pelo mar. Seu sonho de adolescente era conhecer o mar. Sabia, no entanto, que seu pai não a deixaria ir numa comitiva com amigas, num final de semana, ao Rio de Janeiro, para realizar seu sonho.

A oportunidade se apresentou e, sabendo de antemão

108 | Desestruturas emocionais

da decisão contrária do pai, resolveu ir sem avisar. Afinal, suas amigas pertenciam a famílias distintas e não via nada que pudesse impedir a realização de seu sonho. Conseguiu economizar o dinheiro para o gasto, arrumou sua mochila e, no dia e hora marcados, compareceu ao ponto de reunião onde embarcariam para o passeio.

Com lágrimas nos olhos, contou que seu pai soubera de alguma maneira e fora até o ponto de reunião: tirou-a de dentro do ônibus, praticamente arrastando-a pelos cabelos.

Ela contou esse fato praticamente chorando, externando o que sentira na época. Acrescentou que não perdoava o pai pelo que ele fizera. Após algumas perguntas, soube-se que ela tinha quinze anos na época, e o passeio iria ter a duração de três dias. É claro que o pai cometeu um erro grave tentando corrigir um erro que iria ser cometido pela filha. Ela não se dera conta (até a idade adulta) de que iria passar três dias fora de casa, sem avisar onde se encontrava, fora as outras consequências que tal ato poderia causar. **Ela só "enxergava" o erro cometido pelo pai**, mesmo depois de tanto tempo.

Quando Francisco, conhecido como o Maníaco do Parque, foi preso por assassinar e abusar de quatorze mulheres, em reportagem do jornal O Estado de São Paulo ele declarou ter sido vítima de uma tia quando criança, sem no entanto esclarecer como fora vitimado.

A afirmação de Francisco, embora vaga, nos permite supor que nossos pensamentos sobre os fatos do nosso passado, principalmente os mais marcantes, influenciaram nossas atitudes no passado, influenciam no presente e influenciarão no futuro – **se não reformularmos as nossas interpretações**.

Atualmente está em discussão no Congresso brasileiro a diminuição da idade penal, para reclusão de menores infratores, dado o alarmante número de crimes envolvendo esses menores. É o velho combate aos efeitos e não às causas.

15. O ROTEIRO DA DOENÇA EMOCIONAL

A DESESTRUTURA EMOCIONAL não é algo imprevisível, aleatório ou acidental. Pelo contrário, ela segue um roteiro, com fases distintas marcadas cada uma por características próprias, tendo um princípio, um meio e um fim. Se esse roteiro não for interrompido, ele levará seu portador à loucura, nas suas formas características, ou à morte total dos sentimentos humanos, que é a psicopatia.

Em uma primeira etapa da desestrutura, nossa maneira única e rígida de interpretar o que nos aconteceu, o que nos fizeram, o que vivenciamos, acarretará **a formação de pensamentos sem controle**. É como se o ser humano não se sentisse responsabilizado pelo que pensa (ou melhor: **ele não sabe que é o responsável pelos pensamentos**).

Não é que ele perde o controle: ele não sabe dessa sua responsabilidade. E, com o tempo, fica refém de pensamentos que se tornaram invasivos, não tem mais controle sobre eles. Pensamentos desenvolvidos ao longo de anos de vida serão consolidados e se constituirão a crença de quem os desenvolveu.

Consideremos novamente o caso de um fumante. Existe um nível de nicotina estabelecido pelo cérebro que, quando é alcançado, o fumante para de fumar e só volta a fazê-lo quando o nível desce abaixo desse patamar. No entanto, quando a desestrutura emocional cria um grau de ansiedade no doente, pela necessidade da fazer algo que ele não pode (por falta de meios, de tempo, etc.), **ele fuma para preencher o vazio de não poder fazer o que lhe é necessário** – portanto, não se trata mais de dependência de nicotina.

Os pensamentos invasivos fatalmente influirão no modo de vida de quem os alimenta. E comportamentos ou relacionamentos que antes eram considerados inaceitáveis podem se tornar uma nova forma de viver. O doente de desestrutura emocional, por não reavaliar seus pensamentos, torna-se permissivo com esses pensamentos, passando a considerar que sua atitude não é tão grave assim...

Alguns desses pensamentos até poderão ser identificados como invasivos, quando ainda agredirem de maneira contundente um valor que ele criou no passado e que ainda não foi totalmente modificado. Com aquela pessoa ou naquela situação, ele não gostaria de pensar daquela maneira. Por exemplo: se compulsivo sexual, imaginar a Santa pelada na igreja. Com o tempo, no exercício da doença, por não poder modificar esses pensamentos, acabará se acostumando a eles.

Em uma segunda etapa vem a energia criada pelos pensamentos, que movimenta ou imobiliza o ser humano: essa energia é o que nós conhecemos como **emoções** ou **sentimentos**.

Tudo indica que o ser humano tem um limite ou uma referência sobre o que deve ou não deve fazer para realizar seus sonhos ou atingir suas metas. Ele possui um acervo de dados que vem sendo "arquivado" ao longo dos anos de sua existência. Lá, no córtex cerebral, está todo o seu passado, como se fosse uma bula do que é lícito ou ilícito fazer. É o aprendizado construído ao longo de sua existência, inclusive o que deve e o que não deve fazer, o que é certo e o que é errado.

Um dia o ser humano é tomado por uma carga de emoções, ou **energia**, que não pode controlar. Nesse momento, a energia gerada é tão grande que o impede de avaliar o que aprendeu, o que está "arquivado" no córtex, e que constitui seu passado. Então ele age, neste momento em que é incapaz de avaliar.

Depois das atitudes, ocorre o esvaziamento das emoções incontroláveis, e só então ele poderá consultar o seu passado ou o que aprendeu. Sempre se questionará **por que** fez.

A partir de algum momento na vida do doente, ele é tomado ou possuído por uma carga emocional incontrolável, e faz coisas que antes jurara que jamais faria. Recrimina-se e pode jurar que nunca mais fará o que fez, mas volta a fazer. Simples: por saber que não pode controlar suas atitudes quando vem a compulsão, o doente procura, de todas as maneiras, alterar ou diminuir (em sua mente) o nível de gravidade daquilo que fez impulsionado pela doença.

A doença é progressiva – no agravamento do comportamento do doente. No início da desestrutura, o doente também se recrimina, como já vimos. Ele "sabe" que está errado, mas é como se soubesse também que não pode controlar sua compulsão. Então, monta um mecanismo de de-

114 | DESESTRUTURAS EMOCIONAIS

fesa com a intenção de diminuir a gravidade de seus atos. Já discutimos isso quando abordamos a **negação** (capítulo 8, "A doença se defende").

16. A CAPACIDADE DE SER

Já ABORDAMOS a maioria dos aspectos da doença emocional, visando dar ao leitor a compreensão da desestrutura, tão mistificada, e na maioria das vezes abordada de forma tão complicada, que a intenção parece ser justamente a de que não seja entendida.

Por que ela começa?

É o aspecto que falta nesse nosso quebra-cabeça.

A revista Veja de 9/12/2009 traz algumas reportagens interessantes sobre mulheres famosas e bem-sucedidas que, apesar de sua beleza e sucesso, consideram-se uma farsa em suas atividades.

Uma empresária, considerada executiva exemplar, apesar de seu êxito, não era feliz porque questionava sua capacidade: "Será que eu mereço os elogios e promoções que recebo?".

Uma artista de cinema e TV, com seus trinta anos, tendo atuado em catorze novelas, sete filmes e quatro seriados, ao ser convidada para mais um trabalho, chegou a confidenciar ao diretor do programa: "Às vezes me dá medo. Acho que uma hora vão descobrir que eu não sei fazer isso".

Na mesma revista são elencadas como "deusas inseguras"

artistas famosas como Jodie Foster, Rachel Weisz e Nelly Furtado, todas confessando a falta de uma qualidade, de um poder, que seus pensamentos invasivos diziam que não tinham. Essas mulheres conseguiam superar seus pensamentos.

Além do mérito pelo talento que possuíam, mesmo sentindo-se inseguras não se deixaram abater por seus pensamentos. E as tantas outras que acreditaram na mentira que criaram e ficaram no meio do caminho?

A desestrutura emocional começa sempre com uma sensação de incapacidade, com o julgamento de não possuir um valor ou capacidade que a pessoa considere importante para viver, segundo seu próprio conceito de beleza, riqueza, inteligência, simpatia, enfim, conforme sua percepção do que é necessário para exercer tais qualidades e ser feliz no mundo que quer viver. Não são poucos os casos de pessoas que consideram seu sucesso ou sua realidade bem-sucedida uma farsa, e que alimentam o temor de um fracasso ou da descoberta iminente de sua falta de qualidades e/ou capacidades.

Em muitos casos, quando a desestrutura alcança dimensões insuportáveis, o próprio doente se sabota, cansado de lutar contra seus pensamentos invasivos. O sucesso o apavora.

Sabemos que existem dificuldades a ser ultrapassadas em qualquer atividade. Contudo, a percepção do doente é de que essas dificuldades tomam um vulto que não pode ser vencido, e essa mentalidade começa a influir em seu desempenho.

Dificilmente uma pessoa tem todas as qualidades ou

capacidades para alcançar o futuro que deseja. A maioria sabe disso e arregimenta meios para conseguir o que deseja. Define valores pessoais necessários para isso.

Então acontece uma frustração, uma humilhação, uma traição que abala sua condição ou existência. O valor dessas contrariedades ou "humilhações" é muito particular e pessoal, já que depende da mentalidade de quem as sofre; não importa se o ofendido provocou aquela ofensa ou a situação por que passa – importante é o que ele pensa a respeito:

– o grau de importância que o ofensor tinha na vida do ofendido;

– a dimensão da ofensa, se verbal ou física; e

– a crença em uma pseudo-ofensa – pode acontecer que a pessoa, por interpretação particular de qualquer fator externo, se coloque na posição de ofendida sem que realmente tenha ocorrido uma ofensa.

Existe um ponto de partida para as desestruturas emocionais, um fator desencadeante, ou a interpretação pessoal de um fator – e este, muitas vezes, só existe na mente do doente.

Nesse ponto (de deslocamento em relação à realidade), fica compreensível o porquê de os Grupos de Anônimos (de qualquer desestrutura) utilizarem o **eu sou** para se autodefinirem nas reuniões de cada Grupo específico ("eu sou um neurótico", "eu sou um raivoso" etc.).

Arrisco dizer que essa prática tem inspiração em uma afirmação bíblica que os antigos utilizavam para definir Deus. Eles diziam que Deus é **eu sou**, porque Ele sabia quem era, tirando dos outros o poder de dizer quem Ele era. Assim, o "eu sou" dos Anônimos representa a suprema condição de eu saber quem sou, tirando de qualquer outro o poder de me dizer quem eu sou.

Assim como Deus, **o anônimo também deve saber quem ele é**. Principalmente que não é o que disseram que ele era quando perdeu o domínio de sua própria vida.

Uma pessoa em formação, que ainda não alcançou conquistas pessoais, é muito mais vulnerável às ofensas e humilhações, principalmente se não souber disso – ou seja, se não souber que só ele deve ter o poder de dizer quem é.

"Você não faz nada direito!"

Essa é uma afirmação que parece simples à primeira vista, mas que pode ter um valor altamente nocivo à psicologia do indivíduo, dependendo de quem a faz e de quem a ouve. Por exemplo, se quem a fez pegou o ofendido de surpresa, pois ele jamais esperaria que a ofensa viesse daquela pessoa, seja pelo grau de parentesco ou pelo valor que atribuiu à pessoa ofensora. Dita por um pai, por uma mãe, por um chefe, por um irmão ou irmã, provavelmente tem mais valor do que por um desconhecido.

Analise o tamanho da ofensa, da humilhação, da traição que ela pode representar para você, e perceba que teria um maior poder de lhe afetar dependendo do vínculo emocional que ligasse você à pessoa que lhe ofendeu. Por conclusão, o valor da ofensa quem dá é o ofendido, dependendo da interpretação, ou melhor, dos pensamentos que passe a alimentar sobre ela.

Imagine agora que aquele ofendido não esqueceu a ofensa e que a cada erro cometido ele se lembre dela, alimentando-a; com o tempo, pode passar a acreditar nisso.

"O ofensor estava certo."

Consideremos duas pessoas, distintas em tudo, submetidas à mesma afirmação acima. Podem ter atitudes diferentes, embora tenham sofrido a mesma ofensa.

Uma acredita na ofensa e passa a evitar fazer coisas na presença de outras pessoas para que estas não "descubram" que ela "não faz nada direito". Essa pessoa se retrai e se isola tanto quanto pode, e se acomoda.

Outra não quer acreditar na ofensa e passa a se empenhar de maneira excessiva nas tarefas que faz. Muitas vezes se cansa e não se dá por satisfeita. Procura a perfeição no que faz. Cansa até as pessoas que a presenciam agir. Para ela, nunca está "direito". Busca uma perfeição que não existe.

É a ofensa funcionando.

Em muitos casos, o ofendido não consegue esquecer a ofensa. A partir de algum momento, essa lembrança o faz cometer erros. Quanto mais se concentra em fazer certo, mais o resultado final o desagrada. A concentração excessiva na ofensa o descontrola. É natural que este estado emocional o leve a cometer erros.

Em algum momento começará a desconfiar de que o

ofensor tinha alguma razão. Sua condição emocional começará a se desestruturar a ponto de levá-lo a cometer mais erros, principalmente quando as tarefas forem importantes. Assim vai repetindo a desestrutura, até chegar à terrível e doentia conclusão de que o ofensor estava certo: "Ele não faz nada direito mesmo...".

E, a partir desse momento, sua crença passa a evitar toda e qualquer situação em que tenha de desempenhar a qualidade que considera não ter.

Nessa condição, ele tem medo.

Por definição, medo é uma desestrutura emocional que leva o ofendido a acreditar que não tem o poder ou a capacidade "tirada" pelo ofensor, ou por ele mesmo, em virtude de sua interpretação pessoal. Em consequência, ele evita se expor, ou enfrentar situações em que tenha de mostrar a capacidade que julga ter sido tirada.

Outro caso (ou outra reação): se o ofendido não consegue esquecer a ofensa, pelas mesmas considerações do caso anterior, e também chega à desconfiança que o ofensor tinha razão, passa a lutar desesperadamente para provar que o ofensor estava errado. É cansativo presenciar sua dedicação exagerada em fazer tudo da maneira mais perfeita possível. Não é raro ele comprometer tarefas na busca de uma perfeição que só existe em um ideal dentro de si. Nunca está satisfeito, e chega a ser cansativo ver seu desempenho.

Nessa condição, ele tem raiva.

Por definição, raiva é uma desestrutura emocional em que o ofendido busca retomar o poder que o ofensor lhe tirou.

17. O MEDO

TODO SER HUMANO tem dúvidas, mas na grande maioria ela desaparece como veio, tão logo a superação seja alcançada, e isso em qualquer atividade – seja no estudo, nos relacionamentos, no trabalho, ou em qualquer aspecto da vida de qualquer pessoa. Porém, existem pessoas que não conseguem superar essa **sensação de dúvida**, e, pelo contrário, continuam alimentando-a, e a dúvida vai crescendo até que se transforme em verdade.

A intranquilidade dessas pessoas transparece nas atitudes, no andar, no tamborilhar, no fumar, no riso nervoso etc. Em seu interior, sua consciência não está em paz. Sua percepção fica comprometida, e seus pensamentos já não são espontâneos.

A partir de algum momento, o doente passa a se concentrar excessivamente na sensação de esvaziamento que vai tomando posse de si, levando-o a desconfiar de tudo e de todos, e fazendo-o perder a clareza de julgamento. Indecisões e vacilações acontecem a todos, mas, no presente caso, esse estado de espírito vai se agravando. Em alguns momentos, ele se desespera com a sensação de um perigo iminente, levando-o à intolerância e à oscilação de ânimo.

Com o doente alimentando essa sensação, seu comportamento adquire contornos inexplicáveis para quem conviveu com ele antes – seu medo pode se tornar incontrolável com a percepção adoecida de males inexistentes. Ele oscila entre a inibição e a excitação; seu corpo passa a apresentar tempestades viscerais, com tiques nervosos, dores de cabeça e do estômago, falta de apetite, insônia, impulsos incontidos de agredir e/ou de se recolher.

Quando o doente deixar que essa sensação lhe invada totalmente, ela vai fazê-lo manifestar crises convulsivas histéricas e muitas vezes um furor incontido.

Antes da desestrutura se tornar incontrolável, podemos considerar que a sensação de dúvida é comum e natural a qualquer ser humano. Pode até causar certa preocupação, mas essa preocupação se dissipa normalmente, e até pode ajudar o indivíduo a encontrar soluções criativas. Preocupações são normais na vida de qualquer ser humano; algumas vezes, ela até ajuda na formação de novas ideias, que não eram percebidas antes.

Contudo, essa dúvida, se não é ultrapassada, pode se transformar numa angústia mais profunda, à medida que cresça e até impeça a pessoa de conseguir superá-la e de construir o que considera vital para sua sobrevivência.

Resumindo:

– **o início**: dúvida e preocupação sobre sua capacidade de ser ou ter, sobre suas condições de enfrentar qualquer obstáculo que julgue necessário ultrapassar para viver bem;

– **o fim**: certeza de que é incapaz, e angústia; o indivíduo alimenta pensamentos de que não possui tais qualidades até chegar à condição mental conhecida como **pânico**.

AS MÁSCARAS DO MEDO

O medo é uma desestrutura que se subdivide e atua em cada ser humano de determinada maneira, de acordo com suas condições de vida. Ele se manifesta através de posturas mentais ou de comportamentos que podemos chamar de **máscaras**. Máscaras porque elas encobrem o medo de fundo, em suas diversas representações. E, por serem comuns na vida de grande parte das pessoas, não são observadas e tratadas com a relevância que merecem, permitindo assim que o medo cresça e tome proporções incontroláveis.

Como o medo tem gradações, fica mais fácil lidar com essa desestrutura no início de sua instalação. Quando o desmascaramos no início, também é mais fácil superá-lo. Vamos então desmascará-lo.

DESMASCARANDO O MEDO

A indecisão. Todo ser humano pode ter indecisões, que, na prática, levam-no a fazer uma análise mais profunda da decisão ou escolha a ser tomada. É a possibilidade de um prazo para fazer uma melhor avaliação do que é adequado ou não à situação apresentada, permitindo que se adote a melhor escolha. Quando o medo domina, a decisão é dificultada pelo esvaziamento pessoal. O medo impede a clareza de julgamento. Quanto mais importante e significativa for a escolha, mais dúvida é alimentada pelo medroso sobre sua capacidade de escolher.

124 | DESESTRUTURAS EMOCIONAIS

Desde a roupa que vai vestir; se vai ou se não vai a algum lugar; se vai sair de férias ou de licença; que prato vai escolher no restaurante... Movido pela dúvida, serão várias as situações em que, sob seu ponto de vista, sua opinião estará errada.

Passa a se basear na opinião dos outros. As escolhas importantes passam a ser decididas por sua família, em virtude de sua omissão. Por sua indecisão, a família decide que faculdade ele vai fazer, em qual profissão investir, e assim por diante. Pode ser que essa pessoa não termine os estudos, porque na metade descobre que não era aquilo o que realmente queria.

Eis algumas máscaras atrás das quais o medo se esconde, além da indecisão:

— a timidez;

— o ciúme;

— o pessimismo;

— a carência;

— a superstição;

— as fobias; e

— a síndrome do pânico.

DISCUTINDO OUTRAS MÁSCARAS DO MEDO

Se a sensação da dúvida não for contida, atingirá proporções incontroláveis, e o fim será a transformação dela em certeza. A certeza de que a pessoa não vai acertar nas escolhas a levará a sempre se apoiar na decisão de outros, perguntando a outro como fazer ou agir, sempre procurando obter a opinião alheia, que valide seu comportamento.

Com o tempo, a pessoa passará a também duvidar da opinião que o outro lhe dá, ou a duvidar que ele tenha sido verdadeiro, ou a pensar que ela própria se enganou ao escolhê-lo para pedir ajuda, voltando assim para a estaca zero da dúvida.

A TIMIDEZ. É outra máscara e significa o medo de que descubram que a pessoa não possui a capacidade ou qualidade para desempenhar qualquer tarefa, ou de que não tem requisitos físicos para se expor, entre outras formas. O tímido desconfia que o outro ou os outros vão descobrir sua deficiência. Essa desconfiança não se refere somente aos relacionamentos e desempenhos, mas também à sua exposição em lugares ou diante de situações ou pessoas importantes. No íntimo, o indivíduo se considera uma farsa, e vai alimentando essa crença até que passe a ter certeza de que não possui as qualidades necessárias para viver bem, bem como a certeza de que "vão descobrir".

Algumas reações comuns à máscara da timidez:

1) O simples ato de ler em público pode ser angustiante para algumas pessoas. Elas alimentam a dúvida se vão conseguir, sempre suspeitando de suas próprias qualidades ou de sua competência, por exemplo, na desenvoltura com as palavras; evitam ainda a exposição de seus "defeitos físicos", ou se retraem, pela aparência que consideram lhes faltar.

126 | DESESTRUTURAS EMOCIONAIS

Dependendo da intensidade de sua desestrutura, podem ocorrer manifestações físicas, como incontinências, sudorese, alterações do batimento cardíaco, frio na barriga.

2) Medo de falar em público, com as mesmas manifestações acima.

3) O medroso deixa de manifestar-se quando solicitado, ou mesmo quando tenha dúvida numa sala de aula ou em qualquer situação. Prefere ficar no prejuízo a ser notado.

4) Num restaurante ou lugar público, evita ir ao banheiro para não ser notado transitando entre as mesas. Essa condição pode causar desequilíbrio, fazendo o doente esbarrar em cadeiras e mesas.

5) Deixa de assumir um relacionamento para que o outro não descubra suas "deficiências".

6) Sente-se deslocado em presença de pessoas que considere superiores ou em ambientes muito "limpos ou arrumados". Algumas pessoas preferem não ser promovidas por não se acharem capazes de assumir o novo cargo.

O CIÚME. É um comportamento que abrange tanto o medo quanto a raiva, mas, de maneira geral, para que exista o ciúme é necessário que exista o vínculo de posse: o possessivo **meu**. "Meu marido", "meu namorado", "minha mãe", "meu alicate", "minha roupa" e assim por diante.

No ciúme, o medroso alimenta a sensação de que não possui qualidades ou capacidade para conseguir algo ou para que uma pessoa goste de si. Essa sensação de falta de merecimento fará ela ou ele desconfiar que a qualquer momento vai perder algo ou ser abandonado(a). A dúvida sobre suas qualidades ou capacidades levará o ciumento a manter um apego exagerado por objetos e/ou pessoas. A sensação de perda sempre será iminente para ele.

Imagine você duvidar de suas próprias qualidades e/ou atributos, e uma pessoa dizer que lhe ama. Essa declaração sempre lhe parecerá falsa, pois como é que ela pode lhe amar? Se você mesmo não se ama?

Para o ciumento haverá sempre a desconfiança de que o companheiro está mentindo, e de que, na verdade, ele será abandonado assim que apareça outro ou outra com melhores atributos. Ora, na percepção comprometida do medroso, qualquer outro terá condições de tomar o que é seu, por ter melhores qualidades que ele – sente-se ameaçado de perder qualquer "coisa" que seja sua.

O ciúme é, das máscaras, a que mais permite avaliar como a sensação do medo é criada de maneira diferente por cada pessoa.

O ciumento **trombudo** é aquele cuja autoestima é tão baixa que ele tenta esconder o ciúme. A condição de ciumento é manifestada pela modificação de sua conduta. O casal sai junto, na maior alegria, antegozando o que seria um passeio prazeroso, quando, repentinamente, ante qualquer situação, a mente do ciumento começa a agir de forma doentia; ele passa a "ver" ou "sentir" que tem algo errado com a atenção ou o olhar "exagerado" de seu parceiro para outra pessoa. Ele então manifesta seu ciúme pela cara "fechada" que faz, tornando-se ríspido – daí a "tromba". O parceiro procura saber o porquê daquela insatisfação, mas esse tipo de ciumento nada diz. Sua baixa autoestima o impede de discutir o assunto. A partir daí, o passeio está comprometido.

O ciumento **pegajoso** acredita piamente que, se demonstrar ao outro todo o afeto e o carinho que possui, não será trocado. É fácil reconhecê-lo quando acompanhado de sua parceira, pois se desmancha em carícias e, não raro, se torna inadequado, deixando o outro sem graça e tentando se desgrudar de seus tentáculos. É pegajoso ainda que esteja numa igreja ou num centro, alheio aos olhares reprovadores do padre, pastor, palestrante...

Há ainda o ciumento **chantagista**, que faz ameaças veladas de que não suportará o abandono, alardeando a responsabilidade do outro sobre seu destino, caso seja trocado – "Se me trair, eu me mato".

O ciumento precisa de uma parceira ou parceiro que alimente seu comportamento. Isso se torna fácil de conseguir pelo mito de que o ciúme é o tempero do amor; no início, quando o ciumento esboça um gesto ou qualquer atitude de ciúme, o outro alimenta-o acreditando que a atitude de ciúme representa o amor que o outro sente por ele. Mas, quando as manifestações de ciúme vão aumentando e incomodam o outro, este passa a evitar situações que impliquem tais cenas. Um dia, este vai ao *shopping*, num passeio inocente, mas sabe que, quando o ciumento souber, vai armar uma cena desagradável. Então, no intuito de evitar a cena, prega uma mentira qualquer – pode dizer que foi à casa da mãe. O ciumento vai checar e descobre que não foi. A dúvida então cresce, e ele passa a alimentar a sensação de traição.

Quando não existe a baixa autoestima, ou melhor, quando uma pessoa tem boa autoestima, se ela for traída, saberá que o foi por um problema do traidor, não dela.

Lembre-se do possessivo **meu**. O medroso considera que não merece ser, ter ou estar, por isso seu desespero o leva a apegar-se, a querer dominar – falaciosamente.

O PESSIMISMO. Representa o medo de lutar. Para o medroso, lutar é um desperdício de esforços ou atos, pois ele antecipa a derrota antes de iniciar qualquer tarefa, principalmente as que exijam capacidade e qualidade pessoal que o medroso considera não ter. Ele pode até começar a tarefa, principalmente se não puder se eximir antes; vai aos poucos se esvaindo, alimentando dúvidas sobre suas possibilidades e seu merecimento: "Isto não vai dar certo. Eu não vou conseguir". A dúvida se torna certeza, e ele desiste ou não se empenha. "Já sabe" do resultado.

Alimentando a convicção de que algo não vai dar certo, tenta ou se empenha na realização de alguma coisa?

Fica claro que não vai se empenhar.

O medroso pessimista passa a trazer para sua vida todas as agruras do mundo: deixa-se abater pelo comportamento dos políticos; pelos atos desvairados do governo; pela chuva que cai "contra ele"; e, principalmente, pelo "destino". Passa a viver como se fosse um perseguido e acredita que não merece nada de bom. Ao presenciar uma melhora em qualquer aspecto de sua vida, logo começa a criar a sensação de dúvida de que aquilo não é para ele, ou de que a qualquer momento aquilo vai piorar, porque não tem merecimento.

130 | DESESTRUTURAS EMOCIONAIS

A CARÊNCIA. É outra máscara incrível do medo. A carência começa pela suspeita da pessoa de que não merece ser amada ou querida. O medo de ficar só, ou do abandono, atormenta o carente. Quanto mais ele alimenta essa sensação, mais busca conseguir atenção e carinho.

O paradoxal nessa procura é que o carente, movido pela necessidade de conseguir a atenção do outro, modifica seu comportamento, exagerando no seu apego, nas atitudes de carinho. Torna-se "pegajoso", invasivo e, ao invés de aproximar, afasta as pessoas, pretendentes, amigos ou parentes. E, quanto mais as afasta, mais nutre o desejo de conseguir a atenção delas.

Nas festas e encontros, costuma presenciar outros relacionamentos que gostaria que fossem consigo, e pensa: "Ele ou ela é mais feio do que eu, mais pobre, mais baixo, mais gordo ou magro, enfim, tem menos atrativos que eu, e como é que consegue?".

Esse tipo de pensamento torna o carente cada vez mais ansioso; se antes tinha um perfil de seu pretendente, por não conseguir alcançá-lo, vai rebaixando esse padrão, e pode criar a seguinte crença: "Meu amor [minha necessidade, na verdade] é tão grande que será capaz de modificar qualquer um. A nossa dedicação um pelo outro, quando estivermos juntos, superará qualquer diferença que possa existir". E, alimentando esse tipo de compensação, vai à luta, até mesmo dentro de presídios...

A pessoa carente pensa que, no início dos bailes, festas etc., é mais difícil conseguir o que procura. Espera então todos "se arrumarem", e se mistura "ao que sobrou". Acaba se tornando uma pessoa dos fins de festa, quando se sente mais à vontade, junto "aos da sua espécie". Agora não tem importância que o seu pretendente não seja um príncipe e que não tenha um cavalo branco.

Não esperam muito um do outro. Muitos, até, já se preparam para não se machucar se não conseguir companhia: "Eu não estava mesmo a fim de arranjar alguém", mentem, até para si próprios.

Nessas condições, a pessoa se torna vulnerável e, certamente, acabará se envolvendo em relacionamentos destrutivos. Dá pena presenciar, por exemplo, nas portas das cadeias, moças bonitas na busca desesperada por um envolvimento, motivadas por essa carência.

Esse tipo de relacionamento no início preenche o "buraco" que o carente criou. Quanto tempo levará para que a pessoa carente preencha suas necessidades de carinho é difícil determinar, mas o certo é que, quando a carência for preenchida, o carente terá uma relativa consciência da besteira que fez e se assustará com a realidade. O rompimento é quase sempre doloroso, até pela dificuldade que a baixa autoestima encerra, e, não raro, pelas consequências, como filhos não programados, ou até programados **como salvação**. E são muitas as consequências, na maioria, irreparáveis.

Após o rompimento, o vazio pode fazer a pessoa voltar a nutrir a carência e a repetir os mesmos envolvimentos destrutivos.

A SUPERSTIÇÃO. Esta começa a ser um fator de desestrutura emocional quando o ser humano atribui a uma con-

132 | DESESTRUTURAS EMOCIONAIS

dição externa, qualquer que seja, o poder que ele próprio deveria assumir para enfrentar as dificuldades inerentes a qualquer tipo de vida. Pode chegar a um estágio perigoso quando o indivíduo se anula, atribuindo a um fator externo a capacidade que deveria ter. Como exemplo, se a pessoa esqueceu a "moeda da sorte", ela se sente "esvaziada", considera que não tem capacidade de cumprir determinada tarefa – não funciona sem o amuleto, qualquer que seja.

Muitas superstições são costumes antigos que o tempo se encarregou de distorcer, fazendo com que perdessem o valor que tinha em sua origem, ou seja, de uma orientação prudente a ser seguida. Os antigos sabiam do perigo de passar debaixo de uma escada, esbarrar nela e derrubar quem a estivesse usando; ou a possibilidade de algum objeto ou ferramenta cair na cabeça de qualquer passante. Sabiam da dificuldade em fazer principalmente adolescentes guardarem chinelos ou fechar a porta do guarda-roupa. Para evitar esses problemas, a superstição funcionava melhor do que qualquer proibição que visasse educar o ser humano desobediente.

AS FOBIAS. Funcionam como se o ser humano colocasse no motivo de sua fobia, qualquer que seja ela (insetos, animais, condições do tempo, da luminosidade [claro/escuro] etc.), um valor que ela mesma devesse ter. Com o tempo de exercício da fobia, o indivíduo se esvaziará de sua própria capacidade.

As fobias representam a capacidade mental distorcida –
dá-se poder a qualquer fator fora de si.

O PÂNICO. É a sensação de uma tragédia iminente. Ocorre comumente a pessoas que se sentem sós, abandonadas, sem condições de subsistir sem apoio. O esvaziamento do poder ou da capacidade de exercê-lo as atemoriza.

Um dia, em algum lugar, em qualquer situação, a pessoa se sente abandonada, fraca, vulnerável; olha ao seu redor e percebe que não tem a condição necessária para a superação do abandono que sua mente criou; tem a sensação horrível de abandono, e cria a percepção doentia de uma desgraça iminente, sem ter a quem recorrer. Começa a gritar descontroladamente... Este é só um exemplo de uma síndrome que está se tornando muito comum nos dias atuais.

A maioria dessas máscaras não é tratada como deveria (logo no seu início), e vai crescendo, crescendo.

O medo está por trás de cada uma delas, silencioso... crescendo silenciosamente.

18. A RAIVA

SABEMOS QUE A RAIVA se manifesta em algumas pessoas pelo mesmo motivo que o medo: como reação à humilhação, ofensa, traição, ou qualquer outra situação em que o doente sinta a falta de poder.

A diferença é que o raivoso quer, de volta, o poder que lhe foi tirado, e reage de maneira agressiva. A diferença entre as duas desestruturas é a necessidade do raivoso de ser mais poderoso que o seu ofensor quando este lhe tirou o poder. Podemos chamar de **vingança** a reação do raivoso quando quer de volta o poder que lhe tiraram.

O valor da vingança que o ofendido realiza deverá ter, em sua percepção, o mesmo ou maior valor que a ofensa que sofreu. Somente essa condição deixará o raivoso satisfeito, ou seja, somente isso o libertará da raiva que tem armazenada dentro de si.

Uma vingança que não seja igual ou superior à ofensa, deixará resquícios que, com o tempo, farão a necessidade de vingança crescer novamente.

Esse processo fará com que as tentativas de vingança do raivoso sejam cada vez mais graves e incompreensíveis a qualquer espectador. Em muitos casos, o raivoso alimentou a raiva numa gradação tão forte, que uma morte "simples" do ofensor não o aliviará, e suas manifestações de raiva se darão com requintes de crueldade cada vez maiores.

Não é raro um raivoso se vingar dele mesmo por não poder se vingar de quem o ofendeu. Xingamentos a si mesmo, a cada erro que cometa: "Burro! Idiota! Imprestável!" etc., constituem as autoagressões verbais. Com o crescimento da raiva, as agressões verbais a si serão substituídas pelas agressões físicas: beliscões, cortes, murros em parede, mordidas em si mesmo, cabeçadas e mutilações.

Na raiva, existe um detalhe que deve ser levado a sério: a de que o primeiro ofensor continuará humilhando o ofendido pela vida afora (em geral, em seu inconsciente), como se ele passasse a ter o poder de comandar as atitudes do ofendido, até mesmo depois de morto.

Enquanto o ofendido não se libertar, o ofensor continuará comandando suas atitudes pela vida afora.

Assim como o medo, a raiva também se manifesta por máscaras que identificam o raivoso.

Ao estudar as condutas abaixo, procure descobrir, nelas, se você alimenta alguma raiva, e procure **se libertar**, antes que ela assuma contornos insuperáveis.

ALGUMAS MÁSCARAS DA RAIVA

O DESPREZO. É diferente da postura de se afastar de uma pessoa por compreender que não pode modificar sua conduta ou um hábito ruim que ela tenha. No desprezo, como atitude de vingança, o raivoso quer que o desprezado sinta que está sendo castigado, por ter desagradado ou não obedecido ao raivoso de alguma maneira. O raivoso pode ignorar o pai, a mãe, o filho, ou outra pessoa quando é chamado. Ou permanecer mudo. O tempo de desprezo é dado pelo raivoso e durará até que ele ache que foi suficiente para que a outra pessoa sentisse sua insatisfação ou vingança. Pessoas podem permanecer dentro da mesma casa, ou no trabalho, exercendo essa atitude raivosa por horas ou dias. Existem parentes que não se falam por anos.

O FALSO PERDÃO. É uma atitude mental do raivoso de não aceitar a conduta do outro, que considera ofensiva. Pode "desprezá-la" por algum tempo, mas ela voltará a desestruturá-lo. Horas ou dias depois de um perdão inicial, a outra pessoa repete a conduta considerada ofensiva, e volta a raiva de novo, com a mesma ou maior intensidade de antes, como se o raivoso percebesse que seu perdão anterior não tem efeito para fazê-la mudar.

O NÃO PERDÃO. É uma atitude raivosa de vingança que tem o valor da ofensa sofrida. O outro não merece o perdão pela gravidade da ofensa que fez. Existem pessoas que levam anos nutrindo um sentimento de raiva por outras, vingando-se com a atitude de não perdoar. A simples lembrança daquelas pessoas as deixa mal.

A SEDE DE JUSTIÇA. É uma postura de insatisfação que o raivoso nutre contra determinada pessoa ou situação. Sente que não tem o reconhecimento que merece, na família, ou no trabalho, ou na sociedade. Alimenta um azedume constante por não se sentir incluído. Vive mal com a vida.

O BRUXISMO. É uma manifestação da raiva que acontece quando o raivoso está relaxado, normalmente durante o sono. É como se ele estivesse destruindo seus inimigos com os dentes.

A IRONIA. É uma postura brincalhona como manifestação da raiva. O raivoso que a faz tem, na verdade, a intenção de desacreditar o outro. Quem a faz com raiva, sente isso.

A SOBERBA. É assumir uma postura de superioridade, quando o raivoso imposta forçadamente ares de superior para que o outro sinta de quem é o poder. É perceptível quando age agressivamente para humilhar o outro, por gestos ou palavras.

EXEMPLOS DA RAIVA

Por ser uma desestrutura que leva o doente a cometer atitudes agressivas para equilibrar a ausência de poder que sente, apresentaremos exemplos de algumas posturas da raiva **para que sirvam de alerta** e, se identificadas, possam ser trabalhadas antes que sejam alimentadas e que a progressividade decorrente leve seu portador a uma tragédia.

Um primeiro exemplo, extraímos de reportagem do jornal O Estado de São Paulo com o título "Massacre no Rio".

COMO SE LIBERTAR DA NEUROSE | 139

Após ter invadido a Escola Municipal Tasso da Silveira e ter assassinado a tiros doze adolescentes e deixado outros doze feridos, Wellington Menezes de Oliveira se matou e deixou uma carta, publicada pelo mesmo jornal. Analise o conteúdo da carta e tente identificar a necessidade de justiça que o raivoso sentia. Ele acreditava que era bom, puro, religioso, e vivia de mal com um "mundo injusto". Eis a carta:

"Primeiramente deverão saber que os impuros não poderão me tocar sem usar luvas, somente os castos ou os que perderam suas castidades após o casamento e não se envolveram em adultério poderão me tocar sem usar luvas, ou seja, nenhum fornicador ou adúltero poderá ter contato direto comigo, nem nada que seja impuro poderá tocar em meu sangue. Nenhum impuro pode ter contato direto com um virgem sem sua permissão. Os que cuidarem do meu sepultamento deverão retirar toda a minha vestimenta, me banhar, me secar e me envolver totalmente despido em um lençol branco que está neste prédio, em uma bolsa que deixei na primeira sala do primeiro andar. Após me envolverem nesse lençol, poderão me colocar em meu caixão. Se possível, quero ser sepultado ao lado da sepultura onde minha mãe dorme. Minha mãe se chama Dicéia Menezes de Oliveira e está sepultada no cemitério Murundu. Preciso da visita de um fiel seguidor de Deus em minha sepultura pelo menos uma vez. Preciso que ele ore diante de minha sepultura pedindo o perdão de Deus pelo que eu fiz, rogando para que na sua vinda Jesus me desperte do sono da morte para a vida eterna"...

E a carta continua num tom incompreensível de uma

pessoa injustiçada. Portanto, é difícil identificar quando um raivoso não vai mais poder se conter e vai provocar uma tragédia.

Porém, à distância de tais casos, quando tomamos conhecimento deles, nosso pensamento é o mesmo: "Comigo não acontecerá".

Quando analisamos os casos de comportamentos bárbaros, é natural que nos situemos a quilômetros de distância deles. Mas não é bem assim.

Outro caso que merece nossa consideração é o de Francisco de Assis Pereira, conhecido como o "Maníaco do Parque", que já abordamos em outra oportunidade.

No jornal O Estado de São Paulo, edição do dia 10 de agosto de 1998, quando de sua prisão, após ter matado várias moças, Francisco fez algumas declarações:

1) "Não sei o que é, mas me dá vontade, prazer, e eu faço".

2) Contou ter um trauma desde menino, por ter sido vítima de uma tia. Não entrou em detalhes. Confessou gostar de mulheres morenas e ter mandado todas se despirem. Como se tentasse reproduzir o perfil dos comportamentos a que fora submetido, na tentativa de reproduzir nas vítimas a dor que sentira – **a libertação de sua dor pela dor dos outros.**

3) Depois de certificar-se de que estavam mortas, passava a lamber o corpo inteiro para depois morder e arrancar pedaços de carne das vítimas.

4) Pereira relatou ao delegado Alves, em seu interrogatório, que tinha problema de impotência: não conseguiu

manter relações sexuais completas com nenhuma das nove moças que matou.

5) Que estava aliviado por ter sido preso, pois não suportava mais a situação.

A declaração de Francisco é compatível com a nossa compreensão da doença, de que não era vontade o que ele sentia, mas **a distorção da vontade** conhecida como **compulsão**, e que ele não chegou ao último nível da psicopatia, que torna muito mais difícil e, em muitos casos, impossível a recuperação do doente: **a eliminação total dos sentimentos na realização de seus atos**. A declaração sobre o trauma que sofreu reforça a tese de que a doença exige um elemento propulsor que a desencadeia.

Com este último exemplo, podemos avaliar o desespero para alcançar um nível de prazer preconcebido, registrado por pensamentos invasivos e impossível de alcançar sem que o doente anule os sentimentos de culpa por suas atitudes. Francisco de Assis Pereira revelou, em que pese seu comportamento, ainda possuir sentimentos, pois, após o comportamento ruim, ele se recriminava de alguma forma, demonstrando certa autocensura pelo que seu lado ruim fizera.

19. COMO SUPERAR AS DESESTRUTURAS EMOCIONAIS

QUANDO PENSAMOS em abordar condições que ajudem a superação das desestruturas emocionais, temos, em primeiro lugar, que considerar a fragilidade do doente, que pode encontrar dificuldades em todas as tarefas, muito mais pela simplicidade delas do que por sua dificuldade. Pois, se fosse fácil, "ele saberia"... Esta primeira avaliação já traz a medida da dificuldade que vai ser encontrada.

Uma característica do doente desestruturado é se recusar a aceitar que algo simples, ou supostamente "inferior à sua inteligência", seja a solução para seus problemas. Para merecer a consideração do doente, a abordagem de sua doença teria obrigatoriamente que passar por questões de nível intelectual acima do que ele dá à sua própria inteligência. "Se fosse fácil, eu saberia", é comum o doente emocional pensar.

Não é fácil ou difícil, é diferente.

O doente não deve focalizar no fácil ou difícil, mas simplesmente aceitar que é diferente e tentar reavaliar.

A ciência do comportamento implica a exposição ao **medo**, e seu enfrentamento, como forma de superação, bem como a canalização da *raiva* para uma tarefa a ser realizada. Ambas as abordagens podem ser difíceis de executar sem acompanhamento.

Todos os programas de recuperação de desestruturas emocionais focalizam num aspecto muito importante para a recuperação que é **a mudança de hábitos**, algo bem simples de entender.

É necessário **reconsiderar nossas crenças**.

No que verdadeiramente nós acreditamos? E vamos além de nossa verbalização?

Consideremos nossas atitudes com relação à crença que verbalizamos. Se não temos hábitos ou atitudes que reforcem nossa crença, estamos sinceramente enganados, e nossa crença é vazia. Não tem suporte. Como exemplo: se gosto de futebol e acredito no Flamengo, torço por ele, tenho camiseta do time, sei de cor sua escalação, vou ao estádio nos domingos, então minha crença no Flamengo é reforçada pelos meus hábitos.

Se eu não tenho hábitos que reforcem minha crença, ela é vazia.

Até a minha crença em Deus pode ser vazia. Eu a verbalizo, mas posso não ter hábitos que a fortaleçam. O objeto da minha crença pode existir, não é a isto que me refiro: eu me refiro à necessidade de hábitos que a fortaleçam.

A crença precisa de hábitos.

Inicialmente, os hábitos são mentais. Qualquer pensamento, para se tornar crença, precisa ser alimentado; no caso das desestruturas, principalmente os pensamentos danosos e/ou inadequados são alimentados, e assim ganham força e se tornam crença.

Por analogia, a desestrutura emocional é uma crença, reforçada pelas atitudes do doente. Crença no mal, é claro.

Para melhor entendermos a desestrutura emocional, como crença pelo lado do mal, é necessário também que entendamos a fé, pelo lado do bem, pois são energias atuando em sentidos diferentes, ou melhor, em sentidos opostos, como se fossem faces de uma mesma moeda.

A confirmação desse entendimento se dá quando verificamos a definição de fé do apóstolo Paulo, em sua Carta aos Hebreus, capítulo 11, versículo l: "Ora, a fé é o firme fundamento das coisas que se esperam e a prova das coisas que não se veem". Essa definição, em miúdos, diz que você acredita sem ver.

Ora, no medo também você cria uma sensação, só que ruim, e acredita nela. Então, podemos com certeza afirmar que **quem tem medo não tem fé**. Não tem fé numa condição presente, o que não significa, porém, que não possa tê-la no futuro.

Aliás, podemos afirmar com certeza que, se uma pessoa conseguiu construir a sensação de esvaziamento de poder que é o medo, ela sem dúvida poderá, da mesma forma, construir a sensação de poder que a fé representa, no outro sentido.

A crença ruim tem poder.

Só para que se tenha ideia, já em 1959 o cientista alemão Bräutigam, em seu livro *Manual de medicina psicossomática*, publicou uma pesquisa de outro cientista alemão, Edgar Hein, dando conta de que mesmo pessoas emocionalmente saudáveis apresentavam sintomas de males físicos quando submetidas a tensão – por exemplo, quando submetidas a uma simples entrevista. Alguns desses sintomas iam de dores de cabeça, suores repentinos, tonturas, a desmaios, disfunções menstruais, cardíacas, estomacais, entre outros.

Nunca é demais repetir que, atendendo aos apelos do cérebro, o coração aumenta o ritmo do batimento cardíaco, promovendo, em consequência, um maior volume de sangue circulando e dilatando os vasos sanguíneos; o fígado libera a glicose armazenada; o baço libera glóbulos vermelhos; a pupila é dilatada, inadequadamente às condições de luminosidade, permitindo a entrada de luz mais que o necessário etc. – essas reações ocasionam todas as espécies de doenças tão características dos neuróticos.

Dentre todas as disfunções ocasionadas pela desestrutura emocional, uma chama especialmente atenção, por estar intimamente ligada à denominada **síndrome do pânico**, que é o **comprometimento do labirinto**, responsável pelo equilíbrio do ser humano.

Considere um indivíduo com 1 m 80 cm de altura, equilibrado em dois pés de no máximo 40 cm cada, esteja ele parado ou em locomoção. Em algum momento de sua vida, essa pessoa cria e passa a alimentar a sensação de impossibilidade de realizar algo que considere vital. De início, ela direciona o medo para um aspecto e, com o tempo, vai espalhando essa impossibilidade para outros aspectos, até que alimente a impossibilidade de viver, já apresentando doenças ocasionadas pelas disfunções citadas acima, inclusive o comprometimento do labirinto.

Ela passa a sentir tonturas e desequilíbrios cada vez maiores, e um dia, dentro de uma condução qualquer, seja metrô, ônibus, elevador, avião etc., pelo constante balanço do veículo, experimenta uma sensação horrível de desequilíbrio, como se o mundo faltasse aos seus pés. Essa sensação provoca o mau funcionamento de todas as suas funções vitais, e ela se desespera pela sensação de morte iminente. Para o doente, este é mais um problema físico do qual é vítima.

"Eu não faria isso em mim mesmo", é sua convicção – contrariando o que realmente aconteceu consigo.

A incapacidade extrema de acreditar em si conduz o doente à condição extrema de não acreditar em nada.

---

20. ESPIRITUALIDADE – A EMOÇÃO PURA

"Amai o Senhor teu Deus de todo o teu coração, de toda a tua alma e de todo o teu entendimento."

Este é um ensinamento que assusta o ser humano, principalmente uma pessoa emocionalmente desestruturada, que, pelas próprias condições da doença, se considera tanto sem merecimento quanto incapaz de desenvolver esse requisito.

O mérito dos apóstolos foi a superação, a transformação de suas vidas; portanto, eles tinham uma visão muito forte do seu relacionamento com Deus.

Eles tinham entendimento.

Eles nos deixaram um legado de rituais, tendo sido, eles próprios, antes disso, desestruturados emocionalmente. Observe o que o apóstolo Mateus considerou, quando se referiu à oração: "Quando orardes, não sejai como os hipócritas"...

Necessitamos de algo mais forte que a oração.

A perda gradativa da memória, o déficit do quociente

intelectual, a confusão mental, entre outros, são fatores impeditivos de que o doente tenha percepção (ou a natureza exata) de sua realidade. É natural que ele também tenha uma dificuldade muito grande de compreender o que é o sentimento de espiritualidade, e principalmente de compreender e aceitar a importância dela para a recuperação de sua desestrutura.

O ser humano pode desenvolver duas espécies de sentimentos.

A primeira espécie é comum a todos, criada a partir do seu nascimento, pelo seu envolvimento com o mundo, em todos os seus aspectos, inclusive com as pessoas, através dos cinco sentidos: paladar, tato, olfato, visão e audição.

Mesmo com o uso desses sentidos, as percepções e os relacionamentos têm de ser aperfeiçoados em todas as fases da vida: na infância, na adolescência e na idade adulta. Nunca é demais repetir que esse primeiro tipo de sentimentos (reativos aos sentidos) resultam de uma interpretação particular de cada ser, interpretação que deveria ser reconsiderada, reformulada ou reinterpretada em cada uma dessas novas etapas da vida.

Volto a repetir: na adolescência, a maioria das interpretações da infância tem que ser reinterpretadas e, da mesma forma, na idade adulta grande parte das interpretações da adolescência têm que ser reajustadas.

Em paralelo, com o desenvolvimento das **emoções naturais**, o indivíduo também teria que desenvolver as **emoções espirituais**, através de rituais desenvolvidos nas diversas fases de sua vida, dependendo da atividade religiosa de sua escolha.

Dificilmente na idade adulta o ser humano tem uma consciência do significado desses rituais.

Todas as desestruturas emocionais afetam o funcionamento natural do nosso cérebro, geram incapacidades que, progressivamente, vão minando o entendimento dos efeitos práticos que os rituais representam em nossa vida, em todos os nossos envolvimentos. São incapacidades de percepção e de compreensão, ou a falta de natureza exata de nossa condição de vida.

Os comportamentos exercidos pelo doente passam a representar o seu padrão de vida. Quando consideramos a espiritualidade, é errado pensar que as desestruturas estão limitadas apenas ao relacionamento do doente com Deus. As desestruturas rompem os laços espirituais que ligam o indivíduo tanto consigo mesmo como com as pessoas a seu redor.

As mães, os pais, os filhos, amigos, enfim, todos aqueles que amam o doente, cansados após longo tempo de relacionamentos conturbados, poderiam dizer a ele: "Quando vier o terror como a tempestade, como o redemoinho, quando vos chegar o aperto e a angústia, então me invocarão, mas não me hão de achar, porque desprezaram a minha repreensão e aborreceram o meu conhecimento, e dos seus próprios conselhos se fartarão".

Esta é uma afirmação dos Provérbios (1, 30) que nos permite refletir sobre a necessidade de reconsiderarmos nossa crença.

Pergunte à maioria dos portadores de desestruturas emocionais sobre sua crença, e você ouvirá a resposta: "Acredito, sim, claro!". A própria resposta expressa um ultraje do doente com a pergunta, como se tal dúvida não devesse existir.

Retomando um exemplo simples, e até grosseiro, imagine o torcedor de um clube de futebol que acredita no seu time: ele tem camiseta e escudos do time, vai aos estádios nos dias de jogos, sabe a escalação e até tem fotos de jogadores das mais variadas épocas. Ele **acredita** em seu time, crença reforçada por suas atitudes.

Da mesma maneira, o doente aprofunda sua desestrutura acreditando e praticando cada vez mais atitudes doentias que reforçam sua falta de poder. Por conclusão, do lado oposto, pela ausência de atitudes, ele enfraquece sua crença boa (ou sua fé). O que sobra é a esperança do doente de que sua vida melhore sem sua participação. Ele consegue, sem se dar conta, regredir da fé para esperança. E, no final, desiste de ter esperança. É quando quer fugir da vida.

Na sua Carta aos Hebreus, capítulo 11, o apóstolo Paulo define que "a fé é o fundamento das coisas que se esperam e a convicção das coisas que não se veem". O apóstolo Tiago acrescenta que a "fé sem obras é morta", e assim fica devidamente esclarecido que tanto a **doença ativa** quanto a **recuperação** constituem, à luz do entendimento espiritual, ambas uma crença, cada qual do seu lado, do bem e do mal.

Sob o ponto de vista espiritual, a doença é uma crença ruim que se vem praticando ao longo de anos. Está consolidada na mente, seja por atitudes e/ou por relacionamentos com as pessoas, pela frequência a lugares poucos recomendáveis, ou simplesmente pelo isolamento de tudo e de todos que representariam a crença de viver bem e fazer o bem.

Esses hábitos da doença funcionam como um gatilho que é acionado, levando o doente a alimentar uma culpa que suga as boas atitudes que ainda tem. É como se não tivesse crédito, e suas boas ações representassem o pagamento do seu débito. Sente-se incapaz de qualquer merecimento e, como consequência dessa atitude mental, **os ensinamentos que deveriam servir de alerta são considerados como repreensão** e, portanto, ignorados.

Isaías expulsou os frequentadores do templo, considerando que sua presença ali visava apenas justificar seus maus hábitos, e que Deus estava cansado de suas ofertas inúteis (Isaías 1). Era uma época difícil, em que o povo, fugido do exército do faraó, começara a descer das montanhas e se reunia na formação de uma coletividade. A atitude de Isaías fora agressiva, é verdade, contudo, ele deixou bem claro o ganho que a mudança representava: "Ainda que vossos pecados sejam vermelhos como o escarlate, se tornarão brancos como a neve (...). Se quiserdes e me ouvirdes, comereis o melhor desta terra".

No relacionamento com o Dono de um Poder Superior, visando a superação das desestruturas emocionais, é imprescindível que o doente "tome emprestado" os sentidos d'Ele. Isto requer uma compreensão de que o esforço mental exigido pelos rituais, sem o uso dos cinco sentidos humanos, vai, sem sombra de dúvida, refletir-se no doente, "consertando" as desestruturas existentes.

A relação com esse poder não existe
sem que o ser humano a crie.

Desde o início de sua vida o indivíduo é ensinado a sentir esse poder: vai ao cultinho de crianças e jovens; é levado à evangelização infantil; ouve falar em batismo, eucaristia, primeira comunhão, crisma e outras práticas, realizadas na infância ou na adolescência, todas no sentido de promover o relacionamento do ser humano com o Dono desse Poder Superior.

Contudo, o que se observa é que a grande maioria das pessoas que fazem esses rituais não domina a essência de seu significado, até pela pouca idade com que começaram a realizá-los, e por não terem sido instruídos. Tornam-se adultos frágeis, desprotegidos, sem a consciência do poder que esse relacionamento lhes traria. Em consequência, perdem-se na vida. Tornam-se presas fáceis, vulneráveis ao desenvolvimento de outro sentimento, que os afasta do bem.

Existem pessoas que, embora não praticando rituais, têm êxito na vida e se realizam. Muitas delas desenvolvem a essência da espiritualidade **sem saber**. A verdade é que exercitam esse poder sem ter noção de seus significados.

Não é a elas que estamos nos referindo.

Estamos nos referindo a pessoas que têm desestrutura emocional por se relacionarem com o mundo de uma forma autocentrada, ou com uma preocupação hipertrofiada consigo mesmas, esquecendo-se dos outros.

Mas existe uma saída. A saída que um dia uma pessoa em situação de falência humana deixou para nós. Ele matou sua natureza. A morte, para ele, um simples mortal como nós, significou modificar seu comportamento e assumir uma vida nova. Mudou até de nome, de Saulo para Paulo.

O doente emocional não tem a consciência de que seus votos da infância e adolescência não funcionaram e de que, agora, como adulto, ele precisa **modificar sua crença**. Passar para o lado do **bem**.

Saulo acreditou que poderia exercitar e recuperar as capacidades de **ver**, **ouvir** e **sentir** que sua doença lhe tinha roubado, se exercitasse essas três capacidades no relacionamento com Ele. E acreditou que, assim, poderia também trazê-las para o seu relacionamento com o mundo. Mesmo se O visse, ouvisse e pudesse tocá-Lo, não recuperaria esses instintos perdidos. Era necessário um esforço mental da parte dele, no relacionamento com seu Poder Superior, para que esse esforço pudesse suprir a perda das capacidades sensoriais que a desestrutura lhe tirara.

De início, desenvolveria uma **crença boa** que substituiria uma crença ruim, criada pela constância dos hábitos (lembre-se de que, enquanto Saulo, ele prendia judeus e os encaminhava para qualquer fim). Só tinha que ter paciência e exercitar, de todos os meios e maneiras, esse novo relacionamento, e esperar o resultado com fé. Ele sabia que um dia poderia sentir a sensação de que Ele o "ouvia" e, sem pressa, continuando a exercer essa capacidade, um dia poderia "ouvir" a resposta d'Ele a suas necessidades mundanas.

Essas respostas, depois de um tempo, seriam transferidas para seu relacionamento com as pessoas e com o mundo.

Ele passou a utilizar o lema:

"Convém ao Senhor?".

EXERCÍCIOS ESPIRITUAIS

Vamos definir juntos: **espiritualidade é a capacidade do ser humano desenvolver os sentimentos de *ter*, *ser* e *poder*.** (Lembremos que o doente vive com a sensação e a crença de que algo vital lhe falta.)

É um sentimento construído pelo relacionamento com o Criador do bem, que nós conhecemos como Deus e adotamos como Pai. Esse relacionamento é criado e desenvolvido aos poucos pelo próprio interessado. Ele tem como finalidade substituir as desestruturas ruins do medo e da raiva, que representam a ausência de poder assimilada pelo doente.

Os exercícios que vamos propor substituem a oração simples (e também aquela feita automaticamente, decorada, ou por obrigação), que já não promove os efeitos que deveria no portador de doenças emocionais, por uma **oração ativa**.

São exercícios simples, nos quais você apenas **tenta ouvir o que Ele faria no seu lugar**. Como se você efetivamente estivesse pedindo a **visão e o entendimento d'Ele**, em substituição à sua visão e entendimento desestruturados.

Não é uma barganha com o Poder Superior, não é uma troca no interesse pessoal. Ao contrário, são exercícios para sairmos de nossa ilusão de controle, para irmos deixando nossa visão autocentrada e começando a perceber o outro e a pensar não egoisticamente, colocando-nos em seu lugar. São exercícios para desenvolver uma nova sensibilidade e tentar vislumbrar tanto os sentimentos das outras pessoas quanto a vontade de Deus para nós. É um treinamento para alcançar novas percepções e para criar um relacionamento concreto com um Poder Superior.

Eis então os exercícios espirituais que, se praticados com mente aberta e boa vontade, com certeza vão mais que desenvolver **as capacidades de ver, ouvir e sentir** que a desestrutura emocional lhe tirou – em outras palavras, as capacidades de estar presente e de reconhecer sua real natureza.

Estude os exercícios e escolha os que melhor se adaptem às suas condições. Faça **três** por dia. A essência é você criar um vínculo com Ele através desses exercícios e, com o tempo, **substituir sua desestrutura emocional** por essa nova relação – consequentemente, por uma nova maneira de viver.

Bastam três por dia.

É o remédio mais simples e natural que existe:

a) Diga a Ele que você vai se "arriscar" a comer algo que nunca experimentou, por evitar o gosto ou aspecto. Que vai tomar essa atitude para que Ele veja que você tem coragem.

b) Procure uma música que acha que Ele gostaria e ouça. Mesmo que você não esteja acostumado a esse gênero musical, pode dizer a Ele que ouviu por causa d'Ele. Essas quebras de padrões e costumes vão criando novos caminhos mentais, novas relações neuronais, e consequentemente uma percepção renovada.

c) Vista uma camisa ou roupa de que não gosta, ou uma camisa do lado avesso, e dê uma volta no quarteirão. Diga que é para que Ele sinta que você está acima do sentimento de inadequação quando está com Ele (vencer a timidez, os medos).

d) Diga a Ele que você vai escolher uma pessoa idosa, pedir uma informação e fazer um elogio a ela, só para ela se lembrar do Senhor.

e) Tente ajudar uma pessoa, da maneira que Ele gostaria, só para depois da sua ajuda ouvir o agradecimento: "Que Deus lhe ajude". Ouvindo isso, pergunte mentalmente a Ele: "O Senhor ouviu? Fiz falar no seu nome". Confesse que ficou feliz.

f) No pátio de um supermercado, guarde um carrinho que estava fora de lugar. Isto para que Ele veja que você fez isto para agradá-Lo.

g) Considere as igrejas ou templos como consultórios d'Ele para que você tenha um local disponível para expor-Lhe sua dificuldade, nos momentos difíceis.

h) Se você não gosta do seu trabalho atual e tem chance de um trabalho novo, ao qual anseia e evita só por medo do desconhecido, converse com Ele e receberá a resposta. Sinta que não tomou atitude sozinho.

i) É prejudicial, sob todos os aspectos, manter um relacionamento que não funcione, seja ele casamento ou simples namoro. Peça uma opinião a Ele.

j) Numa recepção a que compareça, nunca evite conversar com pessoas que lhe sejam agradáveis, simplesmente porque não as conhece. Faça isto por Ele.

l) Vá a um supermercado, com a finalidade de agradá-Lo, para fazer perguntas a pessoas selecionadas, mas que lhe sejam estranhas, sobre produtos, qualidades etc. Neste mesmo supermercado, procure ser agradável com os/as caixas.